METODOLOGIAS ATIVAS
uma nova experiência de aprendizagem

Cristine Soares

METODOLOGIAS ATIVAS
uma nova experiência de aprendizagem

1ª edição
5ª reimpressão

© 2021 by Cristine Soares

© **Direitos para esta publicação exclusiva**
CORTEZ EDITORA
Rua Monte Alegre, 1074 – Perdizes
05014-001 – São Paulo – SP
Tel.: (11) 3864-0111 Fax: (11) 3864-4290
cortez@cortezeditora.com.br
www.cortezeditora.com.br

Direção
José Xavier Cortez

Projeto Especial
Elaine Nunes

Editor
Amir Piedade

Preparação
Alessandra Biral

Revisão
Alexandre Ricardo da Cunha
Gabriel Maretti
Rodrigo da Silva Lima

Edição de Arte
Mauricio Rindeika Seolin

Obra em conformidade ao
Novo Acordo Ortográfico da Língua Portuguesa

Dados Internacionais de Catalogação na Publicação (CIP)
(Câmara Brasileira do Livro, SP, Brasil)

Soares, Cristine
 Metodologias ativas: uma nova experiência de aprendizagem / Cristine Soares. – 1. ed. – São Paulo: Cortez, 2021.
 Bibliografia.

 ISBN 978-65-5555-040-5

 1. Aprendizagem ativa 2. BNCC – Base Nacional Comum Curricular 3. Educação – História 4. Ensino – Metodologia 5. Inovações educacionais 6. Prática pedagógica I. Título.

20-48257   CDD-371.39

Índices para catálogo sistemático:

1. Aprendizagem ativa: Educação 371.39

Cibele Maria Dias – Bibliotecária – CRB-8/9427

Impresso no Brasil – outubro de 2024

"[...] Só há migalhas na nossa vida de educadores [...]. Migalhas de aula, migalhas de horas de trabalho, migalhas de pátio de recreio [...]. Perigos de uma escola que alinha, compara, agrupa e reagrupa, ausculta e avalia essas migalhas. Urgência de uma educação que evita a explosão irreparável e faz circular um sangue novo na função viva e construtiva da pedagogia do trabalho" (Freinet, 2004).

*Dedico este livro a todos aqueles que lutaram e lutam por uma educação mais humanizada. Que acreditam em uma escola onde seja possível desenvolver talentos, onde os estudantes tenham voz, respeito e que seja um espaço de encantamento e do desabrochar de tudo o que lhes toca o coração.
Aos educadores que inspiram e possibilitam o despertar da criatividade, da empatia, das aprendizagens múltiplas, das relações sociais e do desejo de aprender.*

Sumário

Apresentação, 11

Prefácio, 14

Introdução, 19

Capítulo 1 – A historicidade da Educação – Breve apresentação, 23

Capítulo 2 – O papel da escola na sociedade pós-moderna, 29

Capítulo 3 – A BNCC na perspectiva da atualização pedagógica das escolas, 33

Capítulo 4 – Inovações – Tecnologia e a Educação 4.0, 39
4.1. Geração *Alpha*, 44
4.2. Educação 4.0, 46
4.3. Tecnologia, o divisor de águas, 50

Capítulo 5 – Metodologias ativas como proposta didática – Técnica ou concepção pedagógica?, 70

5.1. Aprendizagem Baseada em Problemas, 76
5.2. Ensino híbrido, 78
5.3. A sala de aula invertida, 82
5.4. *Design Thinking*, 85
5.5. Rotação por estações, 90
5.6. Cultura *Maker*, 94
5.7. Gamificação, 96
5.8. Aprendizagem Baseada em Projetos, 99

Capítulo 6 – O processo avaliativo em metodologias ativas, 102

Capítulo 7 – Os caminhos para a inovação, 109

Capítulo 8 – Os agentes escolares na perspectiva das metodologias ativas, 122
8.1. Os professores, 122
8.2. O aluno, 126
8.3. A família, 131
8.4. A escola, 133

Capítulo 9 – Ressignificando a Educação, 136

Capítulo 10 – Quais paradigmas os professores precisam quebrar para se reinventarem?, 139

Considerações finais, 145

Referências, 147

Apresentação

Minha indagação sobre a Educação teve início no Ensino Fundamental. Como aluna, eu me perguntava se não havia outra maneira de aprender: por que precisava ser tão entediante, desgastante e por que nada ali me desafiava ou me despertava interesse? Essas questões me acompanharam até o curso superior.

A opção pelo curso de Pedagogia aconteceu após a leitura de uma matéria sobre metodologias de ensino. Minha surpresa foi descobrir que havia outras maneiras de ensinar e aprender. Naquele momento, meus olhos brilharam e tive a certeza de que precisava fazer a diferença.

Na Pedagogia Freinet, encontrei as respostas que buscava, como: a coerência entre as práticas, a importância do olhar sensível dos professores, o acolhimento da escola freinetiana, um espaço de fala e escuta ativas, um campo de trocas e de cooperação. Ali comecei a repousar meus anseios e me sentia atendida em minhas necessidades como educadora transformadora.

Como gestora escolar, consegui, com a equipe escolar, pôr em prática meu olhar sobre alunos, sobre professores e sobre a Educação. Uma escola humanista, com gestão democrática, relações de respeito e fortes vínculos nessa comunidade escolar tão repleta de vida e descobertas.

Sempre parti do pressuposto de que não existe aprender sem prazer. A criança estar feliz e confortável é requisito básico para o desabrochar do conhecimento.

Por ser sempre bastante ativa, quando percebi que a demanda de alunos com necessidades especiais e com dificuldades de aprendizagem aumentava, eu me especializei em Psicopedagogia. Com o objetivo de aprofundar meus conhecimentos sobre o funcionamento do cérebro, eu me especializei em Neuroaprendizagem. A essa altura, havia encontrado sentido no aprendizado, e a escola passou a ter outra relevância em minha vida.

O Mestrado em Inovação Curricular veio em seguida e, ao longo de minha trajetória profissional, em consonância com a pesquisadora que me tornava, eu me encontrei novamente nas metodologias ativas.

Há muito da proposta pedagógica de Freinet nas abordagens de aprendizagem ativa, as nuanças, o protagonismo do aluno, as ações mobilizadoras, a tecnologia em sala de aula, os professores como mediadores, o propósito de aprender.

Minha escola não estava mais se adequando a meu sonho. Eu estava transbordando e precisava compartilhar com mais educadores o quanto é possível e gratificante inovar.

Costumo dizer que não trabalho, mas me realizo todos os dias. Então, mergulhei na jornada de produzir um projeto educacional inovador e voltado para metodologias ativas; assim, poderia impactar outras escolas, outros alunos e ajudar a construir uma nova Educação. Todo pautado em ensino híbrido, tecnologia, plataforma digital e um material que promove a criação, que flexibiliza o trabalho dos professores e a autoria dos alunos... novamente meus olhos brilharam.

Com base nessa caminhada que se tornou meu objetivo de vida, este livro foi elaborado pelo desejo de ajudar a transformar a Educação.

Convido vocês, educadores, para uma leitura leve, visando estabelecer um diálogo e reflexões que resultem no ressignificar de seu modo de fazer Educação.

Prefácio

Vivemos um momento histórico no qual toda nossa vida pessoal, familiar, social, profissional, cultural, econômica e de cidadãos entrou em colapso. As Instituições e Organizações públicas e privadas estarrecidas se perguntam: "o que está acontecendo?". A Educação em seus diferentes níveis escolares se pergunta: "como adaptar o trabalho educacional para um ambiente remoto", uma vez que nosso "chão escolar", até então, praticamente todo ele presencial, não o temos mais?

Grande foi o número de autores que socializaram conosco suas experiências nestas circunstâncias. Multiplicaram-se as publicações, *lives*, comunicações sobre metodologias ativas e recursos tecnológicos, uso de plataformas de apoio para dar continuidade a uma Educação em ambiente remoto. Gestores e professores sentiram-se instigados a reavaliar valores, atitudes e comportamentos; espaços, tempos e estratégias para enfrentarmos essas novas circunstâncias.

Neste cenário, a professora Cristine Rodrigues Soares, autora deste livro, compartilha conosco as vivências, experiências de uma educadora gestora e professora que assumiu o desafio de estudar, analisar e vivenciar com seus professores o campo das metodologias ativas adequadas a esta nova situação de pandemia de Covid-19.

Ao tomar conhecimento desta publicação, chamou-nos atenção o seu título: *Metodologias ativas: uma nova experiência de aprendizagem*. Quando, de um modo geral, as publicações se centram na apresentação de metodologias ativas voltadas para um processo de continuar trabalhando com informações para não se perderem conteúdos nestes tempos de pandemia, a autora se preocupa em dialogar conosco sobre a utilização de metodologias ativas, participativas, transformadoras que, tanto em ambiente presencial como em ambiente remoto, possam dar apoio à realização de um processo de aprendizagem. Tal proposta explicita a intencionalidade de um processo educacional que se propõe colaborar com nossos alunos para seu desenvolvimento integral como pessoas, nos seus aspectos cognitivos, afetivo-emocionais, de habilidades e de atitudes e valores.

O aspecto cognitivo preocupando-se com desenvolver o interesse dos alunos pela aquisição de informações que se relacionam com sua vida, além de outros processos mentais como, por exemplo, raciocínio, lógica, memorização, crítica.

Os aspectos afetivo-emocionais que se preocupam com o desenvolvimento da autoestima dos alunos, da confiança em si mesmo, da percepção de suas qualidades para desenvolvê-las e de suas limitações para superá-las, das atitudes de cooperação, solidariedade e vivências em grupos e em equipe.

As habilidades a serem desenvolvidas são de uma riqueza extraordinária: físicas, corporais, mentais, artísticas, de comunicação, de aplicação das informações adquiridas nas situações concretas de sua vida, e tantas outras.

O aspecto de atitudes e valores preocupa-se com o desenvolvimento da pessoa vivendo em sociedade: conhecer o contexto histórico, social e cultural no qual convivemos com os outros; atitudes de diálogo, respeito, aceitação das diferenças, cooperação, partilha, interesse pelos outros, ética, responsabilidade social, cidadania, criatividade, criticidade.

Sinteticamente esta foi a mensagem da professora Cristine neste livro: ela diz estar interessada em trabalhar com metodologias ativas que se voltem para oportunizar condições para que nossos alunos-pessoas possam se educar para a vida.

A continuidade da reflexão sobre a perspectiva educacional das metodologias ativas nós vamos encontrar na pergunta desafiadora mais adiante neste mesmo livro: metodologias ativas: técnicas ou proposta pedagógica? Muito atual e significativa tal interrogação. Percebe-se uma tendência nas atuais publicações sobre o tema, dando ênfase ao aspecto de "técnicas," uma vez que se especializam em descrições instrucionais, sequência de passos, recursos para suas aplicações em aula.

Assumir as metodologias ativas como proposta pedagógica é coerente com relacioná-las aos objetivos de aprendizagem sobre os quais refletimos acima. Cada um dos aspectos de desenvolvimento da pessoa exige técnicas e métodos próprios para incentivar e apoiar o aluno e o professor no caminhar para aprender: em seu desenvolvimento do conhecimento, de habilidades, afetivo-emocional e de atitudes. Assumir esse relacionamento entre objetivos de aprendizagem e metodologias ativas embasa a perspectiva de compreendê-las como uma proposta pedagógica.

Ao abordar sua reflexão sobre "Os agentes escolares Professores e Alunos", a professora Cristine nos alerta para, talvez, o maior desafio para um uso eficiente e eficaz das metodologias ativas como apoio ao processo de aprendizagem: a necessária mudança de atitudes e papéis a ser construída pelo professor e pelo aluno na interação para aprender: o professor como mediador pedagógico e o aluno como protagonista de sua Educação.

Com efeito, com professor e alunos acostumados com uma cultura de ensino em nossas escolas, nas quais culturalmente o que se exige do professor é que transmita informações e do aluno se exige que as absorva e reproduza nas provas, como usar técnicas que incentivem o aluno a aprender, a ser sujeito de sua Educação, a integrar a escola em sua vida, e incentivem o professor a se dispor a ajudar o aluno a aprender e se desenvolver em sua totalidade como pessoa, se ambos, Professor e Alunos, não mudarem suas atitudes para um Professor Mediador Pedagógico e um Aluno Protagonista de sua aprendizagem? Com muita ousadia, a autora nos coloca dentro desse debate.

O caminho trilhado por nós, a convite da professora Cristine, nos conduz a um último desafio: o processo avaliativo usando metodologias ativas como proposta pedagógica. Em um processo de aprendizagem, a ênfase está no acompanhamento dos alunos em sua caminhada, com *feedbacks* contínuos e orientações motivadoras para que o aluno alcance os objetivos propostos. Novas metodologias serão necessárias para acompanhar tal processo, permitindo-nos verificar se os alunos estão conseguindo alcançar os objetivos de aprendizagem, se estamos oferecendo *feedbacks* e orientações necessárias, se nós professores e alunos estamos mudando nossos papéis, e se as metodologias ativas que empregamos foram métodos eficientes e eficazes para esse processo de aprendizagem, ou não, e, nesse caso, devam ser adaptadas ou substituídas.

A conclusão deste livro espelha o propósito da professora Cristine: ressignificar a Educação, com a clareza de que isto só será possível se juntos professores, alunos e sociedade quebrarmos alguns paradigmas culturais de nossas escolas.

O texto é ousado. O convite não tem como não ser aceito. Comprometermo-nos com a proposta da professora Cristine é a trilha que temos pela frente.

São Paulo, primavera de 2020.
Prof. Dr. Marcos T. Masetto[*]

[*] Licenciado em Filosofia, mestre e doutor em Psicologia Educacional pela PUC-SP. Livre-docente em Didática pela USP. Professor titular da Pontifícia Universidade Católica de São Paulo, com atuação na formação de professores para o ensino superior em nível de pós-graduação, orientação e supervisão de pesquisas nos cursos de Mestrado e Doutorado do Programa de Pós-Graduação em Educação: Currículo (PUC-SP). Pesquisador responsável pelo grupo de pesquisa Forpec – Formação de Professores e Paradigmas Curriculares Inovadores. Possui pesquisas e publicações em 51 livros e capítulos de livros, além de inúmeros artigos em periódicos especializados que versam sobre formação pedagógica de professores, processo de aprendizagem, mediação pedagógica, desafios na docência universitária, metodologias participativas, tecnologias digitais de informação e comunicação, currículos inovadores, entre outras temáticas.

Introdução

A motivação para aprender é uma força expressiva. A partir do conhecimento pedagógico, os educadores têm a base necessária para provocar as transformações na trajetória da inovação.

Esta obra se propõe a ser a inspiração de que os educadores precisam para se reinventarem, fomentando reflexões acerca do sujeito que se quer formar, oferecendo diferentes experiências de aprendizagem e estabelecendo novos sentidos nas relações de ensino-aprendizagem.

O primeiro capítulo trata da trajetória da Educação, das pedagogias progressistas que já anunciavam a riqueza de uma sala de aula ativa, pautada no fazer, nas relações interpessoais, propostas que mobilizaram educadores do mundo inteiro a refletir sobre suas práticas e que se tornaram referência.

No segundo capítulo, aborda-se o papel da escola na sociedade pós-moderna. Há de se pensar nas especificidades do momento histórico que estamos vivendo, como as relações humanas se estabelecem, quem são os alunos da atualidade, quais são seus anseios e como é a sociedade na qual estão inseridos.

Trata-se de desenvolver ações dialógicas para compreender o mundo, a realidade escolar, a comunidade e o cidadão que queremos formar. Para que futuro estamos preparando nossos estudantes? O que mudou no mundo desde que fomos alunos? Fazemos Educação considerando os alunos do século XXI?

No terceiro capítulo, à luz dos enunciados da Base Nacional Comum Curricular (BNCC), propõe-se uma análise de como esse documento pode dialogar com a realidade de sua escola. A forma como esse currículo prescrito se manifestará em cada instituição é única. Não é um documento fechado em si mesmo, mas se apresenta como elemento norteador, a partir do qual podemos nos organizar. Entretanto, pensamos que a maior contribuição da Base foi criar a necessidade de as escolas olharem para dentro, para suas propostas e práticas pedagógicas, para, então, refletirem e redefinirem suas trajetórias educacionais.

No quarto capítulo, abordam-se as inovações, a questão da tecnologia e da chamada Educação 4.0, que está olhando para o futuro, na perspectiva da evolução do mundo contemporâneo, suas tendências e os elementos que permeiam esse momento.

No quinto capítulo apresentam-se as abordagens em metodologias ativas, com algumas referências práticas e uma reflexão especialmente sobre as técnicas e concepções pedagógicas.

Aqui, destaca-se mais a necessidade de se analisar profundamente a postura dos professores do que se limitar às abordagens em si. É imprescindível que a escola apresente uma concepção de metodologia ativa, para que seja aplicada de forma autêntica, natural e verdadeira, de modo que esta seja internalizada e faça parte da cultura escolar, não se tratando de ações desconectadas de um contexto pedagógico muito maior.

O capítulo seis trata da avaliação em metodologias ativas. Destaca a importância de avaliar esse novo processo, de remodelar a avaliação de modo que contemple os objetivos propostos, que nesse cenário repercutem em uma atitude empreendedora dos alunos, na autonomia e criatividade; por isso, sugerem-se alternativas para uma avaliação integral, que englobe habilidades e competências.

Pensando em como auxiliar as escolas a construírem uma trajetória sólida para a inovação, o capítulo sete foi elaborado apresentando algumas proposições e subsídios para uma jornada adequadamente planejada, com o objetivo de que os profissionais envolvidos reflitam e construam o que almejam atingir.

O capítulo oito traz os agentes escolares que fazem parte da instituição e qual o papel de cada um. É importante que todos sejam considerados para que o Plano de Inovação seja completo e exitoso.

No capítulo nove, enfoca-se o ressignificar da escola, com base nela mesma. É importante fazer o exercício de autoavaliação, de olhar para a própria realidade e buscar novos sentidos para a Educação, ter clareza da identidade da escola e se transformar a partir disto.

O capítulo dez traz as maiores resistências dos educadores; é preciso trazer luz a esses aspectos no sentido de quebrar paradigmas e começar a construir uma nova história.

Esperamos que os educadores descubram nesta obra inspirações para suas práticas pedagógicas. É fundamental que contribuam para que os alunos possam desfrutar uma aprendizagem mais prazerosa, com significados, que sejam atendidos em seus anseios e encontrem na escola o lugar onde desejam ficar.

Capítulo **1**

A historicidade da Educação
Breve apresentação

Ideias relacionadas à renovação no modo de ensinar estão presentes há muito tempo na história da Educação. Assim, as contribuições de pensadores como Jean-Jacques Rousseau (1712-1778), em publicação de 2004; Adolphe Ferrière (1879-1960), em publicação de 1932; Heinrich Pestalozzi (1746-1827), em publicação de 2010; Edouard Claparède (1873-1940), em publicação de 2012; John Dewey (1859-1952), em 1958, entre outros (cada qual em seu contexto específico), tinham como pressuposto uma Educação centrada na criança e na autonomia dos educandos.

Na concepção de Dewey, a criança devia ser preparada para a vida, pela própria vida, de forma a aprender pela ação, a partir de experiências concretas e produtivas. Ele afirmava que "a Escola Nova deve se dar pela ação e não pela instrução" (Gadotti, 1996, p. 143).

Tanto na Europa quanto na América, especialmente no Brasil, tendo como base uma visão de Educação democrática, a "Escola Nova" também se tornou conhecida como escola progressista ou escola ativa, por influência de tais autores. Assim, em 1932, os princípios escolanovistas no Brasil contaram com a expressiva articulação de Anísio Teixeira (1900-1971), entre outros educadores, e com o apoio da Associação Brasileira de Educação (ABE) consubstanciando o *Manifesto dos pioneiros da educação nova* (Azevedo, 1932).

O movimento escolanovista, ao firmar-se em ideais humanistas, compreendia que a Educação necessitava atrelar-se sob outras bases. Era fundamental atender à população como um todo, focando nos interesses do indivíduo em detrimento das classes. Portanto, tal movimento propunha à escola assumir uma função social, ultrapassando seus muros e compreendendo o indivíduo de forma integral.

Nesse momento histórico, na França, Célestin Freinet (1896-1966), também ao partir do princípio de uma Educação crítica, centrada nos alunos e objetivando promover seu desenvolvimento integral, iniciava o Movimento da Escola Moderna, o qual ganhou adeptos por toda a Europa. Posteriormente, esse movimento foi abrangendo outros continentes. Na atualidade, as concepções de Freinet são ainda debatidas e ganham notoriedade por meio dos Ridefs, que são os Reencontros Internacionais de Educadores Freinet. Trata-se de eventos bianuais que promovem trocas, estudos, compartilhamento de ações que mantêm vivo o sentido da Pedagogia Freinet pelo mundo.

Com o passar dos anos, outros teóricos e pesquisadores da Educação apresentaram estudos e pesquisas sobre o desenvolvimento humano e pedagógico ressaltando os alunos no centro do processo e concedendo aos educadores um embasamento de práticas inovadoras.

Destaca-se, pois, que as contribuições desses pensadores, haja vista as características dos contextos de época, estavam voltadas a repensar o trabalho em sala de aula, considerando as manifestações da criança e seus processos de utilização da criatividade.

Desse modo, ao retomar alguns autores de referência, cumpre-se o papel de assinalar que o tema das metodologias ativas faz parte da história da Educação. Apresenta-se agora uma resposta aos atuais anseios de construir caminhos inovadores que tornem o processo ensino-aprendizagem mais significativo e prazeroso, como se demonstra na Tabela 1.

Tabela 1 – Teorias centradas no aluno

Pensador	Ano	Abordagem
John Dewey	1859 – 1952	Defende a aprendizagem a partir da problematização. Motivação prática e estímulo cognitivo para fazer escolhas e criar soluções criativas. Aprendizagem significativa por meio da vivência. Produção de conhecimento por meio de experiências compartilhadas e coletivas.
Rudolf Steiner	1861 – 1925	Desenvolvimento integral do aluno no sentido físico e espiritual. Aplica a antroposofia na Educação. A pedagogia Waldorf defende o aprimoramento de 12 sentidos. Os ciclos são separados por setênios (a cada 7 anos). Respeita a individualidade. Valoriza-se o trabalho manual.
Célestin Freinet	1896 – 1966	Pedagogia do Trabalho: considerava que o trabalho é uma ação natural do ser humano. Sua proposta humanista contempla a luta contra as desigualdades. Professor como mediador. Escola democrática e cooperativa. Propõe o desenvolvimento de técnicas para colocar o aluno como protagonista e autor de sua construção pedagógica.
Maria Montessori	1870 – 1952	Ambiente preparado com materiais de desenvolvimento. Liberdade ao estudante para fazer suas escolhas e ocupações. A criança deve ser ativa na sala de aula. Deve favorecer a cooperação e relação com a natureza. O estudante tem autonomia no ambiente montessoriano.

Pensador	Ano	Abordagem
Loris Malaguzzi	1920 – 1994	A aprendizagem significativa está no cerne da abordagem. A criança é ativa, expressa-se culturalmente e socialmente. Estimula o questionamento, levantamento de hipóteses, observação, análise, construção de teorias e documentação pedagógica. Forte desenvolvimento da autonomia.

Fonte: Elaborada pela autora.

As produções dos autores citados anteriormente apresentam em comum o foco no estudante; daí porque este é evidenciado no processo de aprendizagem, em que se preconizam a autonomia, o protagonismo e a autoria dos educandos. Há uma intensa crítica ao ensino tradicional, massificado e descontextualizado.

Nessa mesma linha, pesquisadores como Henri Wallon (1879-1962), Lev Vigotski (1896-1934) e Howard Gardner corroboram em seus estudos uma concepção de aprendizagem participativa, em que a troca, a afetividade, o meio social estão amplamente associados à construção de conhecimentos.

Com base na Teoria das Inteligências Múltiplas (Lógica Linguística, Lógica Matemática, Espacial, Musical, Corporal Cinestésica, Intrapessoal e Interpessoal), de Gardner (1994), faz-se necessário repensar os estímulos oferecidos aos estudantes, visando favorecer as aprendizagens em uma sala de aula heterogênea, considerando-se as manifestações, as inquietações e as necessidades individuais. Logo, não é mais possível considerar uma Educação massificada e que desqualifica a singularidade do sujeito.

É importante destacar que a construção dos fundamentos da Educação e as diferentes correntes pedagógicas vêm, muitas delas, gradativa e historicamente incorporando questões que ressaltam a importância dos sujeitos continuamente aprendentes, considerando-se suas condições pessoais, cognitivas, sociais, psicológicas, afetivas, entre outras, no processo ensino-aprendizagem que resulta em aprendizagens significativas e pessoas felizes.

Mais recentemente, estudos em neurociências aplicadas à Educação vêm ao encontro de uma visão personalizada no processo de construção de conhecimento, destacando-se a importância da aprendizagem significativa para a construção de memórias, assim como a autonomia no desenvolvimento das funções executivas, entre outras construções que serão abordadas neste livro.

Portanto, tendo em vista os movimentos educativos ao longo do tempo, as experiências exitosas disseminadas pelo mundo e que proporcionam reflexões sobre nossas práticas pedagógicas, propomos os seguintes questionamentos: "Em que momento histórico está sua escola? Quais linhas pedagógicas lhes fazem mais sentido?"

É importante entender que as metodologias ativas integram o processo de evolução da Educação. Quando revisitamos as correntes pedagógicas, conseguimos fazer alguns paralelos com o que se pretende nas abordagens mais atuais e sua relevância tanto na presente sociedade quanto no cenário educativo que mais se ajusta ao momento no qual estamos vivendo.

Capítulo 2

O papel da escola na sociedade pós-moderna

O mundo mudou e disso ninguém duvida. As sociedades estão cada vez mais inseridas no mundo digital. Estamos conectados 24 horas por dia. Utilizamos a tecnologia no cotidiano de forma intensa. Segundo dados da Empresa Annie App, no terceiro trimestre de 2019, houve mais de 31 bilhões de *downloads* de aplicativos, o que representa um aumento de 10% anualmente. Observando os números e os comportamentos das pessoas, notamos o quanto os aplicativos estão ganhando cada vez mais espaço em nosso cotidiano.

Nos últimos anos, ocorreram transformações significativas na forma como nos comunicamos, como nos transportamos, como aprendemos, como pagamos contas ou assistimos a um filme, entre outros exemplos. Incluem-se também mudanças nos hábitos de consumo, por exemplo, fazer pedidos por aplicativos. Por chamada de voz, ativamos comandos, independentemente do local em que estivermos. A tecnologia do futuro, que parecia tão distante, já é realidade.

Percebem-se e captam-se nitidamente o dinamismo e a rapidez com que tudo se transforma. As inúmeras e diversas novidades que surgem por minuto, no mundo inteiro, transmitem-nos a sensação de que estamos sempre defasados e que, enquanto dormimos, soluções e aplicativos estão surgindo do outro lado do globo e, ao acordarmos, rapidamente tudo já se modificou.

Estamos na era da informação e da tecnologia, vivendo e fazendo história neste exato momento. Por isso, é preciso pensar em como acompanhar esse ritmo, mas, ainda mais importante, é essencial refletir sobre como preparar as crianças para o mundo que elas encontrarão daqui a vinte ou trinta anos.

Até o século XX, "fazia sentido" uma escola que transmitia conhecimento, que "despejava" informações nas mentes das crianças para que a cultura se perpetuasse e para que elas, quando adultas, estivessem preparadas para o vestibular e, em seguida, para o mercado de trabalho.

É fato que as novas gerações não são mais as mesmas. Nossos estudantes estão inseridos em uma realidade completamente diferente dos anos de 1970, 1980, 1990 e até mesmo do início dos anos 2000. O modelo de ensino fabril, a Educação bancária

(Freire, 2015) denunciada pelo educador Paulo Freire (1921-1997), atenderam ao sistema educacional naqueles momentos, apesar de as pedagogias progressistas e críticas já denotarem a importância da Educação para o pensar.

Na sociedade pós-moderna, definida pelo sociólogo polonês Zygmunt Bauman (1925-2017) de "modernidade líquida", as mudanças são facilmente adaptáveis, moldadas, voltadas para um progresso constante, sob uma visão imediatista e com possível descartabilidade. É preciso olhar para esse cenário em que a criança está inserida e para esse sujeito que necessita reconfigurar seus propósitos.

A extensa quantidade de informações recebidas por meio de estímulos sensoriais aos quais a criança está exposta amplia sua visão de mundo, permitindo dialogar de forma autônoma com a família, com professores e seus pares. São alunos conectados, com acesso a conteúdos, videoaulas, tutoriais na internet, documentários, programas de TV de cunho educativo, jogos que desenvolvem o raciocínio lógico, canais que abordam curiosidades desde plantas até física quântica, ou seja, há inúmeras formas de buscar conhecimento. Com a curiosidade inata do ser humano, as crianças são consumidoras vorazes de informações que lhes interessam, mas que nem sempre são o que a escola quer – e precisa – ensinar.

Nesse contexto, a escola depara-se com alunos que chegam com várias informações, diferentemente dos estudantes de vinte ou trinta anos atrás. Os professores, muitas vezes, mantêm determinado modelo de aula e querem que os alunos tenham o mesmo desempenho ou interesse dos estudantes do passado. Porém, isso não acontece mais!

Se já entenderam que podem aprender o que quiserem, no momento que considerarem mais oportuno, com diferentes instrumentos, no ritmo de que precisam, e tudo isso sem depender da mediação dos professores, então o que os estudantes vão fazer na escola, nos dias de hoje? Com base no pressuposto de que os alunos vão à escola para aprender, pergunta-se: aprender o quê?

O que se quer enfatizar é a importância da escolarização, porém a forma como os conteúdos são organizados e a sequência em que são oferecidos aos alunos têm um porquê e uma estrutura aos quais eles não chegam sozinhos, mas precisam saber disso. É importante que os educadores tenham cuidado com o discurso de que essa geração não quer saber de estudar, só quer ficar no jogo ou no celular. Será?

Em um artigo, o educador Rubem Alves (1933-2014) dizia: "É preciso escutar para que a inteligência desabroche". Mais do que nunca, essa frase é bastante apropriada. A escola precisa dialogar com crianças e jovens, considerando suas necessidades, seus anseios e suas características próprias.

O alinhamento das expectativas é essencial para uma convergência de objetivos. Os jovens ainda querem saber de muitas coisas, assim como as crianças continuam sendo questionadoras e curiosas. Mas a escola precisa se abrir para o novo e conectar-se com o olhar, possibilitando a escuta entre esse novo público.

Capítulo 3

A BNCC na perspectiva da atualização pedagógica das escolas

Alinhada ao cenário social apresentado no início do século XXI e às especificidades dos alunos na contemporaneidade, a Base Nacional Comum Curricular (BNCC), proposta pelo Ministério da Educação (MEC) e aprovada em 17 de dezembro de 2017, reforça a necessidade de as escolas se atualizarem, bem como repensarem seus currículos e didáticas.

Como documento oficial e repleto de controvérsias, o fato é que as escolas estão se movimentando, refletindo sobre suas ações e sobre o contexto do estudante atual. Com base nas peculiaridades regionais, adotam-se diversas ações no sentido de aproximar o conteúdo teórico do prático e das realidades de cada grupo social. Nossas inquietações sobre a Educação do tempo presente exigem reflexões sobre as práticas e seus fundamentos, assim como debates em grupos de estudos, reuniões pedagógicas, palestras, entre outras iniciativas, em busca de novos rumos.

Por conta das novas obrigatoriedades, seja para concordar, seja para debater, seja para discordar e/ou enfatizar, há de se registrar movimentos em direção a questionamentos relacionados aos aspectos curriculares, às práticas educativas, à formação docente, entre outros. O fato é que uma ação gera uma reação, daí a importância e a necessidade crescente e urgente do diálogo a ser estabelecido com todos os envolvidos com nossa Educação.

A BNCC corrobora a importância de repensar as práticas pedagógicas em um momento tão crucial para a Educação. Acresce-se a esse contexto a necessidade de que também sejam debatidos os dados do Programa Internacional de Avaliação de Estudantes (OCDE/Pisa, 2019), em relação ao posicionamento do Brasil nos últimos seis anos, conforme explicitado no Gráfico 1.

Gráfico 1 – *Ranking* **do Brasil no Pisa (últimos 6 anos)**

Fonte: OCDE/Pisa - Organização para a Cooperação e Desenvolvimento Econômico - Programa Internacional de Avaliação de Alunos, 2019.

Mesmo com o Plano Nacional de Educação (PNE) estabelecendo metas para melhoria da qualidade e acesso ao ensino, a partir dos dados apresentados, podemos notar que o posicionamento do Brasil declinou em todas as disciplinas avaliadas, especialmente em Matemática. Estava, há muito tempo, anunciada a necessidade de mudança.

Em relação à BNCC, a elaboração do material estava prevista desde a Constituição de 1988, já que, no art. 210, prevê-se a criação de uma Base Nacional Comum Curricular. Novamente, em 1996, a Lei de Diretrizes e Bases (LDB) determina, no art. 26, a adoção do referido documento para a Educação Básica. Mas somente em 2015 o MEC instituiu o grupo de redatores responsáveis pela primeira versão da BNCC; em seguida, promoveu um seminário com especialistas do Brasil e do mundo para debater sobre o currículo e como seria efetivado o processo de construção desse documento. Nesse mesmo ano, a primeira versão foi disponibilizada para consulta pública.

Em março de 2016, a versão foi finalizada com mais de doze milhões de contribuições da sociedade civil, profissionais da área, escolas, organizações do terceiro setor e entidades científicas.

Após as contribuições serem sistematizadas por uma equipe da Universidade de Brasília, e encaminhadas para o grupo de redatores, em abril de 2017 o MEC entregou ao Conselho Nacional de Educação (CNE) a terceira versão da Base referente à Educação Infantil e Ensino Fundamental. De junho a setembro do mesmo ano, o CNE realizou novas consultas públicas e, em dezembro, a Base Nacional Comum Curricular foi publicada. Em abril de 2018, esse órgão recebeu a parte referente ao Ensino Médio.

O momento de publicação da BNCC foi propício para fortalecer as escolas que já vinham trabalhando com metodologias que tinham um propósito claro de produção e autonomia dos alunos e, ao mesmo tempo, para nortear instituições escolares que fundamentalmente olhavam para a aquisição de conhecimento, focadas no desempenho escolar como critério exclusivo do fazer educativo.

Levar ferramentas digitais para a sala de aula, explorar novos meios de comunicação e ambientes, inserir os alunos no centro do processo de aprendizagem, fomentar a discussão, o desenvolvimento de habilidades estão entre as premissas da BNCC.

Sobre os professores, há um novo olhar para o fazer docente, direcionado para a mediação, àquele que inquieta, que gera dúvida, que questiona e motiva. Os mestres "saem de cena" para a entrada dos alunos. Estes merecem destaque, pois são eles que vão trabalhar, pesquisar, concluir e apresentar resultados.

Segundo a BNCC (2017, p. 56),

> O estímulo ao pensamento criativo, lógico e crítico, por meio da construção e do fortalecimento da capacidade de fazer perguntas e de avaliar respostas, de argumentar, de interagir com diversas produções culturais, de fazer uso de tecnologias de informação e comunicação, possibilita aos alunos ampliar sua compreensão de si mesmos, do mundo natural e social, das relações dos seres humanos entre si e com a natureza.

Os professores, agora, são mobilizadores de aprendizagens. Atuando como norteadores, direcionam o grupo a partir de seus anseios. Também desenvolvem uma escuta ativa, incentivando a pesquisa e o diálogo a partir de uma problematização real ou elaborada para proceder como ponto referencial de busca a aquisição de novos conhecimentos.

Nesse momento, alertamos os educadores sobre a necessidade da coerência entre discurso e prática. Analisando *sites* e informes obtidos em muitas escolas, sobretudo a partir da realização de visitas, foi possível conhecer o seu cotidiano bem como identificar algumas incoerências. Um dos pontos a destacar refere-se a um discurso inovador e progressista, diante de um formato engessado do processo educativo, o que torna impraticável a manifestação de um novo olhar.

Aqui se questiona: o que de fato é preciso para estimular a escola a desenvolver na prática o que propõe em seu discurso sobre o processo educativo como inovador e progressista?

Os professores que continuam sendo controladores e centralizadores estão permitindo que os alunos desenvolvam a autonomia? A turma que é orientada a responder a todas as questões da mesma forma (afinal o registro pressupõe uma resposta para cada pergunta) está desenvolvendo a criatividade? De que maneira isso ocorre?

Se a sala de aula continua com o mesmo formato de carteiras enfileiradas, e os professores pedem silêncio porque exigem a atenção dos estudantes para explanarem o conteúdo, evitando promover debates e discussões sobre os temas abordados, de que maneira os educadores estão trabalhando a cooperação coletiva?

É preciso que os professores apresentem uma proposta consistente, em que o projeto pedagógico faça sentido e seja verdadeiramente vivido em sala de aula, na sua integralidade.

Se entende que sua proposta pedagógica deve permanecer no modelo conservador e disciplinar (do sistema convencional tal qual aprendemos), a instituição de ensino precisa explicitar claramente para a comunidade escolar e ser condizente com a realidade.

Para as escolas que despertaram para um novo olhar e estão em busca de atualização pedagógica, a BNCC é um norteador, apesar de possíveis pontos controversos para alguns educadores.

As pesquisas em Neurociências contribuem para a compreensão de como aprendemos os conceitos. Além disso, os resultados demonstrados por experiências que promovem maior engajamento dos alunos atuam como referenciais para uma nova forma de fazer Educação.

Capítulo 4

Inovações Tecnologia e a Educação 4.0

A tecnologia transforma a sociedade e a forma de vida de tempos em tempos. O conjunto de mudanças bruscas provenientes de tecnologias e que impactam os setores econômico, social, ambiental e político marcam as revoluções industriais vividas na nossa sociedade.

Entre os anos de 1760 e 1840, ocorreu a Primeira Revolução Industrial, deflagrada pelo surgimento de tecnologias mecânicas como máquinas a vapor e as ferrovias. No final do século XIX e início do XX, a eletricidade, as linhas de montagem e a produção em massa marcaram a Segunda Revolução

Industrial, cujo símbolo era a linha de montagem dos carros de Henry Ford (1863-1947).

Em meados de 1960, surgiram os primeiros registros do uso da informática e da tecnologia da informação. Nesse momento, teve início a Terceira Revolução Industrial, modificando as estruturas de trabalho nas empresas e no cotidiano das populações.

Atualmente, estamos na Quarta Revolução Industrial, caracterizada pelo desenvolvimento de tecnologias em áreas como Genética, Física e Avanços Digitais.

A interação entre ser humano e computador, ou físico-digital, estará cada vez mais presente. Por isso, é preciso que as pessoas aprendam a se relacionar com o mundo virtual, desenvolvendo o pensamento computacional para viverem em um mundo conectado.

Nessa era da informação, os estudantes não precisam mais se deslocar até uma biblioteca para pesquisar sobre determinado tema. A informação está a um clique de distância, nas mãos dos alunos.

Segundo Feldmann (*apud* Fazenda; Severino, 2003, p. 142), "[...] se o século XX se caracterizou como o século da produção em massa, o século XXI já se configura como o século da sociedade do conhecimento".

O acúmulo de informação e conhecimentos, até então valorizados pela escola, não faz mais sentido para a criança e o jovem. Isso não quer dizer que a instituição perdeu sua importância, tampouco os professores, mas a forma e o porquê precisam ser repensados.

Por que, para que, para quem e como ensinar? Considerando o mundo atual e o futuro, já que a sociedade passa pela escola, estamos preparando nossos alunos para qual realidade? O que a escola contemporânea tem a oferecer?

Para Feldmann (*apud* Fazenda; Severino, 2003, p. 149):

> A tarefa da escola contemporânea é formar cidadãos livres, conscientes e autônomos, que sejam fiéis aos seus sonhos, que respeitem a pluralidade e a diversidade e que intervenham, de forma científica, crítica e ética na sociedade brasileira. Dessa forma, efetivar mudanças na escola é compartilhar da construção de um projeto político-pedagógico, que transcende a dimensão individual, tornando-se um processo coletivo.

Essa tomada de consciência por parte dos educadores é necessária para uma mudança bem planejada, com objetivos claros e que possam ser concretizados. Ela visa um avanço na Educação, a aproximação dos alunos com a escola, a motivação em sala de aula, o comprometimento dos estudantes e a qualidade da aprendizagem.

O papel da escola no cenário atual deve estar voltado às novas necessidades, tanto dos alunos da atualidade quanto das demandas futuras que eles encontrarão ao finalizarem a Educação Básica, no que se refere aos âmbitos sociais, acadêmicos, familiares e profissionais.

O perfil das crianças mudou drasticamente. Elas se caracterizam por serem mais conectadas e digitais, o que exige novas formas de interação na sala de aula, seja com seus pares, seja com seus professores.

De acordo com o Relatório Futuro dos Empregos, do Fórum Econômico Mundial (2016), novas empresas e empregos surgirão nos próximos anos, com a inteligência artificial e a evolução tecnológica e algumas profissões serão substituídas por robôs.

Além disso, aponta que o pensamento crítico, a inovação e a criatividade estarão entre as habilidades mais procuradas nos próximos cinco anos.

> ## O futuro dos empregos e habilidades
>
> Mudanças disruptivas nos modelos de negócios terão um impacto profundo no cenário de empregos nos próximos anos. Espera-se que muitos dos principais fatores de transformação que atualmente afetam as indústrias globais tenham um impacto significativo sobre os empregos, que vão desde a criação significativa de empregos até o deslocamento de empregos, e desde o aumento da produtividade do trabalho até o aumento das lacunas de qualificação. Em muitas indústrias e países, as ocupações ou especialidades mais demandadas não existiam dez ou mesmo cinco anos atrás, e o ritmo da mudança deve acelerar. Segundo uma estimativa popular, 65% das crianças que ingressam na escola primária hoje acabarão trabalhando em tipos de emprego completamente novos que ainda não existem. Nesse cenário de emprego em rápida evolução, a capacidade de antecipar e se preparar para requisitos de habilidades futuras, conteúdo do trabalho e o efeito agregado no emprego é cada vez mais crítica para empresas, governos e indivíduos, a fim de aproveitar plenamente as oportunidades apresentadas por essas tendências – e mitigar resultados indesejáveis.
>
> Fonte: WORLD ECONOMIC FORUM. *Chapter 1*: The Future of Jobs and Skills. [*on-line*], Jan. 2016. Available in: http://reports.weforum.org/future-of-jobs-2016/chapter-1-the-future-of-jobs-and-skills/. Access in: 4 dec. 2019.

Ao entendermos que a escola exerce uma função social de preparação para a inserção do indivíduo no mercado de trabalho, vale afirmar que, com tantas mudanças nos mais diversos cenários da sociedade, é preciso reinventar a forma de ensinar e aprender. Mais especificamente, reinventar metodologias e didáticas a serem utilizadas para atender às novas demandas sociais.

Se refletirmos sobre a evolução da sociedade e da Educação, há de se pensar em o quanto nossas rotinas foram alteradas com o uso de tecnologias; por exemplo, a forma como nos comunicamos e o quanto isso tudo reflete na forma como nossos alunos aprendem.

A troca, o compartilhamento, a cooperação, a empatia, isto é, as relações humanas, são muito valorizadas no trabalho com metodologias ativas, portanto não se trata apenas de inserir tecnologia na sala de aula, mas de repensar a forma como os estudantes interagem, na perspectiva de um desenvolvimento integral e não apenas acadêmico.

Para Masetto (2012, p. 23), em relação aos novos perfis profissionais, há características mais relevantes que o conhecimento técnico do indivíduo, por exemplo: "a capacidade de trabalhar em equipe, de se comunicar, de se adaptar, de transferir conhecimentos e aprendizagens, de se atualizar continuamente, de estar aberto a mudanças com criticidade, de criar soluções [...], de pesquisar para inovar".

Segundo relatório do World Economic Forum (2016),

> Os sistemas educacionais devem se adaptar para atender às crescentes demandas de aprendizado, e há potencial para a tecnologia suportar abordagens híbridas inteiramente novas que aumentam o acesso a formas personalizadas, inclusivas e flexíveis de aprendizado.[1]

---

1. WORLD ECONOMIC FORUM. *Chapter 1*: The Future of Jobs and Skills. [*online*], Jan. 2016. Available in: http://reports.weforum.org/future-of-jobs-2016/chapter-1-the-future-of-jobs-and-skills/. Access in: 4 dec. 2019.

4.1. Geração *Alpha*

As gerações são definidas a cada vinte anos, em média. Definem-se por características próprias de cada momento histórico, considerando comportamentos, estilos de vida, e graus de impacto advindos da tecnologia, economia e política.

Após as Gerações X (de 1960 até final da década de 70), Y (do final dos anos 1970 e início dos 1990) e Z (compreendendo os nascidos entre 1992 a 2010, conhecidos por nativos digitais, já que estão amplamente familiarizados com o uso de *smartphones*, *tablets* e demais recursos digitais), é chegada a vez da Geração *Alpha*.

Figura 1 – A evolução das gerações

Fonte: Elaborada pela autora.

Mark McCrindle, demógrafo, futurista e palestrante australiano, referiu-se ao termo "Geração *Alpha*" após uma pesquisa pública realizada em 2005, e por ser comumente utilizado quando termina o alfabeto romano, para os nascidos de 2010 a 2025. Crianças que nasceram/nascerão completamente imersas no mundo digital, ao estabelecerem interação e conexão com a internet ainda bebês.

Segundo esse autor (2009), essas crianças nunca viverão sem *smartphone*, sendo completamente híbridas, por pertencerem à geração mais transformadora de todas. Elas têm características próprias que emergem do mundo em que estão inseridas e da quantidade de estímulos que recebem diariamente. Isso vai desde brinquedos altamente tecnológicos, projetados para impulsionar o desenvolvimento visual, psicomotor, auditivo, passando por vídeos educativos e jogos interativos que promovem o aprendizado de forma autônoma.

Autodidatas e extremamente curiosas, essas crianças se tornam mais questionadoras. Refutam tudo o que lhes foi apresentado, pois têm acesso à informação, conhecem o caminho para aprofundar e ampliar seus conhecimentos.

Crianças conectadas utilizam os recursos digitais de forma intuitiva, afinal já nasceram em uma sociedade na qual seus pais e familiares dispõem do *smartphone* como uma extensão do próprio corpo, sempre à mão. Têm alta capacidade adaptativa, são mais conscientes do uso de recursos naturais, se preocupam com a sustentabilidade.

Aqui, fica este questionamento: será que a escola de hoje atende às necessidades dos alunos atuais e do profissional do futuro?

4.2. Educação 4.0

Com a Indústria 4.0 impactando diariamente a sociedade, incluindo as crianças da Geração *Alpha*, é possível entendermos a premência de uma renovação na área da Educação; afinal, novas necessidades estão surgindo na sociedade, assim como novos problemas e precisamos de novas "cabeças" para trazerem soluções originais e transformadoras.

Elas exigem uma nova escola, em que sua forma de vida esteja convergente com a sala de aula. Há muito se fala que a escola é extensão da casa; por isso, o ambiente escolar precisa se conscientizar e desenvolver propostas considerando o contexto familiar e social de cada criança.

É necessário que os professores estejam receptivos à inovação e ampliem os horizontes para novas possibilidades de atuação pedagógica. Para inovar, é preciso ter ousadia e não ter medo de errar, porque certamente acontecerão acertos e erros nas trajetórias escolhidas, que fazem parte do processo educacional.

Assim, para Masetto (2012, p. 26),

> Projetos inovadores se apresentam trazendo como objetivos educacionais a abertura para formação na área do conhecimento, explorando o ensino como pesquisa, a multi e a interdisciplinaridade, na área de habilidades, trabalhando competências humanas e profissionais e novos recursos tecnológicos, no desenvolvimento de valores, atitudes e comportamentos como a competência, a ética, a política, o profissionalismo vinculado à cidadania e ao desenvolvimento pessoal.

O autor reafirma a necessidade de um currículo flexível, que promova o repensar de conteúdos, disciplinas, avaliação, espaços de aprendizagem, além de incentivar a integração e interdependência das disciplinas nos novos modelos de ensino.

Reconhecem-se os alunos como coautores do processo de ensino-aprendizagem, responsabilizando-se por sua jornada pedagógica. Seus avanços são mediados pelos professores, mas a partir de uma construção conjunta, com o estabelecimento de metas e planejamentos bem-definidos.

O engajamento dos estudantes acontece por meio de uma Educação democrática, quando eles participam das escolhas e dos caminhos a percorrer para alcançar os objetivos. Essa postura lhes permite estabelecerem outra relação com o aprender, fazendo sentido para os alunos.

Na Pedagogia Freinet, por exemplo, a democracia está no cerne da escola, a começar pelas assembleias, onde se debatem propostas do grupo e individuais, tomam decisões e abre-se o diálogo para a melhor convivência. O desenvolvimento socioemocional está presente em cada escuta ou fala.

Carbonell (2002, p. 91) defende que

> Uma escola realmente democrática entende a participação como a possibilidade de pensar, de tomar a palavra em igualdade de condições, de gerar diálogo e acordos, de respeitar o direito das pessoas de intervir na tomada de decisões que afetam sua vida e de comprometer-se na ação.

Na prática democrática, inclui-se também a personalização do ensino, um dos importantes elementos quando se trata de Educação 4.0. Já passamos pela fase da Educação massificada com o ensino tradicional, em que os alunos tinham acesso ao conteúdo da mesma forma, no mesmo ritmo e objetivando garantir o mesmo resultado nos exames avaliatórios, atingindo, ao menos, a média.

No entanto, a proposta em pauta volta-se à Educação individualizada, com processos que considerem habilidades, inteligências e formas de aprender de cada sujeito. Plataformas digitais de aprendizagem auxiliam na identificação dos perfis de estudantes, como o Watson, da IBM, que utiliza Inteligência Artificial para analisar e cruzar dados, trazendo soluções e respostas.

Ao longo do tempo, a Educação passou por algumas transformações, no contexto de cada momento histórico para atender, especialmente, às necessidades do mercado de trabalho, apesar de toda a função social que a escola exerce.

Inseridos na era da informação, atualmente, os estudantes aprendem o que querem no momento que desejam. Isso exige da escola uma nova postura diante do que deve ser ensinado. Na Educação 4.0, prioriza-se mais a experiência, o "mão na massa" e o processo de aprendizagem, do que, de fato, o conteúdo.

Em um mundo em constantes transformações, é preciso desenvolver a autoaprendizagem, uma vez que é inevitável ter de aprender e reaprender constantemente, em cenários dinâmicos que comportam o surgimento de novas profissões, novas formas de trabalho, e novas tecnologias a serem apropriadas.

Marcando a trajetória da Educação, a tabela seguinte sintetiza os modelos educacionais em conformidade com o momento histórico até a chegada da Educação 4.0, tão impactada pela tecnologia avançada e que vislumbra mudanças radicais na sociedade.

Tabela 2 – A trajetória da Educação

	Educação 1.0	Educação 2.0	Educação 3.0	Educação 4.0
Momento histórico	Anterior à Revolução Industrial	Após a Revolução Industrial	Chegada da tecnologia e internet na escola	Era digital
Tecnologia	Livro	Giz, quadro negro	Internet, projetor, relação humano/computador	Inteligência artificial, extracorpo
Olhar da escola	Foco no professor	Foco na sala de aula	Foco nos recursos tecnológicos	Foco no aluno e na experiência, desenvolvimento de habilidades e competências
Tipo de ensino	Individualizado, elitista	Massificado, coletivo	Participativo	Conectado, em rede
Postura do professor	Autoritário	Focado na memorização	Promotor de reflexão	Mobilizador da aprendizagem, motivador
Postura do aluno	Submisso	Passivo	Participativo	Ativo

Fonte: Elaborada pela autora.

Para desempenhar atividades ainda inexistentes, a escola precisa preparar os cidadãos do futuro para que, de forma ativa, saibam se reinventar, tenham habilidade para solucionar os problemas que virão e sejam criativos para desenvolver novas tecnologias que atendam às demandas da sociedade.

A humanidade está em constante processo evolutivo. Periodicamente, ocorrem grandes saltos na sociedade, marcados por mudanças em larga escala que impactam a vida de forma geral, e a Educação passa por essa mudança.

A Educação 4.0 é uma disruptura no modelo de ensino utilizado pela grande maioria das escolas, rompendo com concepções pedagógicas até então enraizadas e, de certo modo, forçadas por mudanças estruturais na forma de vida, como comportamentos, comunicação e consumo.

4.3. Tecnologia, o divisor de águas

As pedagogias progressistas e críticas anunciavam modelos de ensino que promoviam mais autonomia aos alunos, seja no fazer, seja na participação, por meio de materiais acessíveis, ampliando a interação das crianças com os objetos de aprendizagem. Entretanto, a tecnologia chega como um fator decisivo e inicia uma mudança cultural tão impactante que reflete definitivamente na escola e começa a romper com os paradigmas mais enraizados.

Os estudantes, agora nativos digitais, passam a ter voz em sala de aula quando o assunto é tecnologia, os papéis começam a se inverter. Os professores aprendem com os alunos e, muitas vezes, sentem-se desconfortáveis ao demonstrar inabilidade com recursos tecnológicos, mas aos poucos entendem que esse processo é progressivo e sem volta.

Algumas tecnologias já inovaram o ambiente escolar em outros momentos, como a lousa e o giz, o mimeógrafo, a impressora, o retroprojetor, as lousas digitais, sempre alinhados com o objetivo pedagógico.

Por sua vez, na Educação 4.0, a tecnologia está mais presente, com recursos digitais como óculos para realidade virtual, aplicativos de jogos, conteúdos em nuvem, plataformas de gestão educacional, e o próprio *smartphone*, que se tornou uma extensão do corpo humano, auxiliando em pesquisas.

A conectividade está presente na vida dos estudantes, que leem, assistem a vídeos e tutoriais, conversam com pessoas do mundo inteiro, descobrem possibilidades e levam toda essa bagagem para a escola.

Na era da informação, os professores fomentam discussões sobre diversas temáticas, orientando os alunos acerca de fontes confiáveis, bem como considerando questões de ordem ética no mundo digital, que conduzem à conscientização, por parte de cada estudante, da sua responsabilidade social.

Sobre as Tecnologias da Informação e Comunicação (TIC), é possível afirmar que estas permitem a democratização da informação, como a Educação a distância – com todos os seus pontos questionáveis, especialmente no tocante à qualidade do ensino.

Conforme Belloni (2008, p. 104),

> É essencial, porém, que tenhamos consciência de que sua integração à Educação já não é uma opção: essas tecnologias já estão no mundo, transformando todas as dimensões da vida social e econômica: cabe ao campo educacional integrá-las e tirar de suas potencialidades comunicacionais e pedagógicas o melhor proveito.

A Revolução Tecnológica chegou à indústria, ao comércio, aos serviços e à escola, transformando a sala de aula em um espaço repleto de novas possibilidades. Portanto, os profissionais precisam mergulhar nesse novo modelo para se manterem atualizados e buscar novas respostas a seus questionamentos.

4.3.1. Internet das coisas

O termo "Internet das coisas" (Internet of things, IoT) refere-se à conexão entre o ser humano e o computador, o real e o digital que se relacionam de forma integrada e permeada por dados captados por meio da internet.

Observemos um caso hipotético: ao agendar uma reunião às 9 horas da manhã, uma pessoa poderá organizar sua rotina por meio de dispositivos, de acordo com seus hábitos diários. Por exemplo, seu celular vai despertar no tempo programado para sua caminhada matinal, a cafeteira coará o café enquanto ela se arruma e, caso o trânsito aumente no percurso, seu assistente virtual enviará uma mensagem aos demais participantes da reunião, informando-lhes sobre seu atraso.

A interação do ser humano com a máquina estará mais afinada, facilitando as ações do dia a dia, permitindo que as pessoas invistam tempo em atividades mais complexas e insubstituíveis por robôs. As tarefas corriqueiras ficarão a serviço da tecnologia.

Nesse cenário, um grande desafio para a IoT será a segurança dos dados dos usuários. Ainda é difícil mensurar as proporções a que chegarão tanto em facilidades quanto em problemas. Mas, segundo Magrani (2018, p. 50), é certo que:

> [...] as falhas de segurança abrem espaço para ataques visando ao acesso às informações geradas pelos próprios dispositivos. Além disso, os aparelhos inteligentes, quando invadidos, podem acarretar problemas não só para o aparelho em si, interferindo também na própria infraestrutura da rede.

Aqui, propõem-se estes questionamentos aos professores: "Vocês já imaginaram o que a internet pode fazer por sua aula?

Que tipo de interação poderá acontecer no ambiente escolar com a internet das coisas?"

4.3.2. Movimento *Maker*

Aquela Educação passiva, descontextualizada e focada na transmissão de conteúdos está sendo, aos poucos, substituída pela Educação ativa, problematizada e que promove o protagonismo dos alunos.

O Movimento *Maker*, ou Cultura *Maker*, parte do princípio da "mão na massa", em que os estudantes atuam como autores do processo de aprendizagem. A intenção é fomentar o engajamento e empoderamento dos discentes, em prol de uma Educação criativa e significativa.

Ao integrar inovação, invenção, criação e produção em um ambiente estruturado para a prototipagem de produtos e projetos de diversos níveis, os conceitos são estudados a partir da necessidade emergente do trabalho que está sendo desenvolvido.

Os estudantes, individual ou coletivamente, buscam soluções para viabilizar suas ideias, utilizando-se fundamentalmente do conceito de Science, Technology, Engineering, Art and Mathematics (Steam). A programação é um dos elementos essenciais da Cultura *Maker*, utilizada especialmente a partir de Arduino[2] e de plataformas digitais.

---

2. O Arduino é uma plataforma de prototipagem *open-source*, seu *software* multiplataforma é flexível e fácil de usar. Ele é destinado para pessoas interessadas em criar objetos ou ambientes interativos. Com o Arduino você pode interagir com luzes, motores, entre outros objetos eletrônicos. Disponível em: https://www.hostgator.com.br/blog/o-que-e-arduino/. Acesso em: 18 dez. 2019.

Conforme Mannrich (2019, p. 2),

> [...] características transversais ao Movimento Maker remetem à prática de criar coisas de caráter físico e/ou digital ou na intersecção entre ambos, resultantes do desejo individual ou de objetivos partilhados por coletivos, e do compartilhar projetos [...].

Os Laboratórios de Fabricação (FabLab) são espaços nos quais os envolvidos podem auxiliar na construção de qualquer coisa, composto desde plataformas digitais, impressoras 3D, máquinas de corte a *laser*, até serrotes, martelos e materiais de bricolagem em geral.

Empresas especializadas em Cultura *Maker* espalham-se pelo País, estruturando espaços, capacitando profissionais e oferecendo materiais de apoio para a execução de projetos tanto na carga horária escolar quanto no contraturno.

4.3.3. Inteligência Artificial

A experiência dos usuários tem sido tema de discussões e está ganhando cada dia mais relevância em empresas de todos os setores. Não significa somente os clientes serem bem atendidos, mas a experiência revelada em cada detalhe sobre como os indivíduos se sentem antes, durante e após uma compra, por exemplo.

A Artificial Intelligence (AI) ou Inteligência Artificial (IA), termo criado oficialmente há mais de sessenta anos pelo cientista da computação John McCarthy (1927-2011), está se expandindo de forma exponencial justamente por melhorar a experiência do cliente, seja no uso de um aplicativo de banco, compra pela internet, utilização do *smartphone*, entre outros. Fazemos uso da Inteligência Artificial, na maioria das vezes, sem nos darmos conta disso.

Especialmente nas áreas da saúde e jurídica, que possuem uma gama de dados e documentação extensa, a IA vem ganhando mais força. A velocidade com a qual as informações são processadas é muito maior e melhor realizada por máquinas do que por humanos. E o que isso tem a ver com a Educação? Tudo!

A partir desse novo cenário, a tecnologia está possibilitando que educadores do mundo inteiro se motivem a repensar qual o papel da escola, uma vez que acumular conteúdo já não faz sentido.

A IA traz grande potencial interativo entre máquinas e humanos e a possibilidade de criar jornadas de aprendizagens personalizadas, considerando o perfil de cada aluno, suas inteligências múltiplas e linguagens próprias.

Segundo pesquisadores da Universidade de São Paulo (USP), não teremos condições de disponibilizar um professor para cada aluno, mas as ferramentas da IA poderão simular essa realidade a partir de ambientes de ensino e aprendizagem personalizados. A proposta é programar algoritmos que relacionam o conteúdo, a metodologia e os conhecimentos prévios dos alunos, melhorando a experiência de aprendizagem dos estudantes.

4.3.4. Fluência digital

Com a inovação tecnológica adentrando a sala de aula e o mundo do trabalho, faz-se necessário que, a cada dia, nossas crianças e jovens sejam preparados a lidar com essa realidade físico-virtual, já tão presente em nossa sociedade.

Ferramentas digitais produzidas com o uso de Inteligência Artificial, por exemplo, serão cada vez mais utilizadas na escola. Portanto, é preciso que professores e alunos estejam conectados às novas linguagens, entre as quais a computacional.

Fluente é algo que flui naturalmente, espontâneo e natural. Assim como a escola desenvolve a fala, leitura e escrita fluente de letras e números, na realidade do mundo conectado, da era da informação, é preciso que a instituição se estruture para alcançar novas dimensões.

Nesse sentido, é preciso que a instituição escolar procure a Fluência Digital, à medida que os estudantes se apropriam de novos dispositivos tanto no ambiente educacional quanto em outros contextos.

Em uma sociedade permeada por tecnologia, faz-se necessário que a escola abarque o letramento digital, tanto para alunos quanto para professores, promovendo a inserção de todos em um mundo conectado. Portanto, não se trata apenas de levar tecnologia para a sala de aula, mas de incorporar o domínio tecnológico, do pensamento de programação, tendo em vista o mundo que teremos nos próximos anos.

Nesse sentido, é possível afirmar que o termo "letramento digital" amplia a capacidade de comunicação, por meio das TICs, tanto na esfera individual quanto na coletiva, alterando o alcance daquilo que se produz e do que se consome.

Souza (2007, p. 60) retrata o letramento digital como:

> O conjunto de competências necessárias para que um indivíduo entenda e use a informação de maneira crítica e estratégica, em formatos múltiplos, vinda de variadas fontes e apresentada por meio do computador, sendo capaz de atingir seus objetivos, muitas vezes compartilhados social e culturalmente.

Ao pensarmos no contexto social, torna-se imprescindível refletirmos sobre o letramento crítico daquilo a que o estudante tem acesso, disponibilizado por meio de variados gêneros digitais, como charges, *fanfics*, *ciberpoema*, a questão da segurança na internet, analisando-se *fake news*, *cyberbullying* e a própria exposição do que se pensa e do que se consome.

A BNCC denota a necessidade de possibilitar aos alunos os mais variados meios de comunicação da atualidade, com produções utilizando vídeos, tutoriais, recursos midiáticos e todos os instrumentos tecnológicos possíveis para isto. Nessa perspectiva, a escola rompe definitivamente seus muros, e o que é produzido no ambiente educacional alcança o mundo, permite a multiculturalidade, amplia o acesso às informações e interações com alunos de outros países e continentes, encorajando a fala e a escuta ativa.

4.3.5. Personalização

Um dos maiores desafios da Educação atual é o aprendizado personalizado, que possibilite ao estudante traçar a própria jornada de conhecimento.

Em 1994, Howard Gardner (1943-) apresentou-nos o conceito de Inteligências Múltiplas, afirmando que cada sujeito tem habilidades diferentes e, portanto, a própria maneira de aprender. A grande maioria dos educadores se pergunta: como garantir, então, que os alunos aprendam em um contexto tão diverso e heterogêneo de formas de aquisição de conhecimento? Gardner teoriza oito tipos de inteligências conforme figura 2:

Figura 2 – As inteligências, segundo Gardner

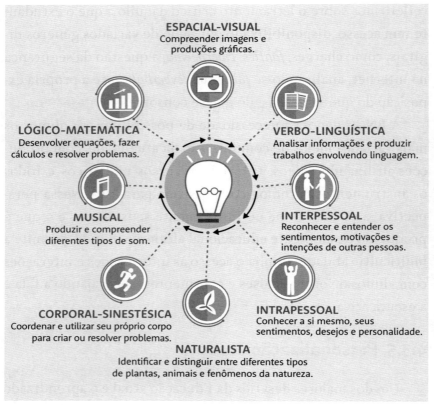

Fonte: Inspirada em Gardner (1994).

Estudos recentes em Neurociências também nos mostram como o cérebro aprende, como as memórias são consolidadas, as sinapses e poda neuronal, reafirmando a importância de uma aprendizagem significativa.

Nesse sentido, como atender às demandas pessoais e tão específicas de cada sujeito, em uma sala de aula heterogênea? Com tantos ritmos de aprendizagens diferentes, bem como estilos de aprendizagem próprios?

Com base nesse aspecto, sugere-se uma abordagem personalizada de ensino, com jornadas individuais, em que o sujeito constrói seu plano de trabalho, tendo em vista os objetivos próprios ou coletivos.

Uma das soluções agregadas pela tecnologia na perspectiva da Educação 4.0 é apresentar ferramentas que promovam um trabalho mais autônomo, autoral, de gestão de tempo e conteúdos.

As metodologias ativas também fomentam a aprendizagem personalizada, já que, em seu cerne, está a atuação ativa dos estudantes, em que cada indivíduo fará sua parte, em seu tempo, elaborando sua participação em criações coletivas, potencializando o desenvolvimento de habilidades específicas.

A criticidade trazida pela Geração *Alpha*, por ser conectada, informada e contextualizada, pressiona pais e professores para a personalização do trabalho pedagógico. Questionadores não aceitam mais estudar de forma massificada, fazendo isso a contragosto caso se sintam pressionados. É notório que ninguém aprende quando está infeliz.

Nesse contexto, sabendo-se que os alunos são seres integrais, com suas demandas biológicas, cognitivas, afetivas e sociais, é fundamental que os professores apresentem um olhar sensível às manifestações elucidadas no cotidiano escolar, visando proporcionar a melhor experiência de aprendizagem possível aos estudantes. Especialmente, os psicopedagogos sugerem a necessidade de um ambiente acolhedor e positivo para que os professores atinjam aos objetivos propostos em cada atividade.

É necessário que a escola seja um espaço no qual as crianças encontrem respostas a seus questionamentos, sejam ouvidas e queiram estar. Também é fundamental que seja um lugar que lhes permita serem felizes!

4.3.6. Contextualização

Quantas vezes, quando éramos alunos, já nos perguntamos: "Mas para que eu preciso aprender isso?"; "Qual é a lógica de estudar esse conteúdo?"; "Nunca mais vou usar isso na vida!" Perguntas recorrentes nas escolas, para conteúdos apresentados sem contextualização, só porque estavam na apostila, no cronograma ou porque sim e ponto!

Em nosso dia a dia, ouvimos que os adolescentes de hoje não querem saber de nada... mas será que isso é verdade? Eles não querem saber de nada, são desinteressados pelo que a escola quer ensinar? Estamos na era da informação; por serem mais informados, os alunos são mais questionadores, sabem que podem aprender o que quiserem, a seu tempo e a sua maneira.

Quem encontra a luz do conhecimento e da compreensão dos fatos dificilmente se contenta com imposições sem propósitos claros, o que promove o poder de argumentação.

Somos favoráveis à participação dos alunos, à participação democrática especialmente nos assuntos em que estejam envolvidos, como: sugerir temas para pesquisas para posterior votação da turma; escolher o título de um livro a ser escrito pelo grupo; opinar sobre o destino de determinada doação de alimentos, entre outros.

Quando se envolvem verdadeiramente nessa iniciativa, os estudantes sentem-se respeitados e se comprometem; afinal, foram eles que escolheram.

A favor do trabalho autônomo em sala de aula, essa realidade não poderia ser diferente. Isso significa alunos atuantes, aprendendo a se posicionar, a trabalhar de forma cooperativa e empática, na prática.

A contextualização do trabalho pedagógico desperta nos alunos a vontade de aprender. Com isso, eles vão buscar o conhecimento, pesquisam e se envolvem, porque encontram sentido no que está sendo proposto.

Não se trata somente de contar uma história para os alunos e querer que eles aceitem a proposta de trabalho, mas sim de deixar emergirem de seus diálogos, do entorno escolar, da comunidade, de dentro e fora da instituição, dos assuntos da atualidade e dos problemas do mundo as conexões entre a realidade e o que se pretende ensinar.

Rodas de conversa, assembleias, mural de sugestões, Jornal de Parede[3], notícias, revistas, documentários, reportagens e programas de TV a que os alunos têm mais acesso podem ser excelentes ferramentas para contextualizar o conteúdo abordado em sala de aula. Com isso, leva-se a vida para dentro da escola e derrubam-se os muros que separam a instituição do mundo real.

Portanto, sugerimos que os professores realmente sejam receptivos e ouçam seus alunos, interagindo com eles. O diálogo sempre foi o melhor caminho para encontrar soluções, viver (e aprender) em harmonia.

---

3. Técnica criada por Célestin Freinet, em que é criado um mural com quatro envelopes: "Eu critico", "Eu elogio", "Eu sugiro" e "Eu quero saber". Os alunos escrevem livremente e, em determinado dia, durante uma assembleia, os dizeres são lidos e respondidos. Por meio da democracia, surgem novos combinados, projetos de estudos, entre outros.

4.3.7. Aprendizagem colaborativa

O modelo de ensino individualizado, com a sala de aula organizada em carteiras enfileiradas, o silêncio absoluto, cada um olhando para o seu livro e respondendo às suas questões... Esta cena remete a que ano ou a que década? O que mudou dessa época para as salas de aula de hoje?

Em muitas escolas, esse ainda é o cenário da sala. A questão é: esse modelo reflete a realidade atual? O ensino individualizado, fragmentado e robotizado não atende mais ao contexto de vida do século XXI.

Estamos vivendo em um mundo conectado, inspirado na cultura do compartilhamento, como os aplicativos de carona, os espaços de trabalho compartilhados (*coworkings*), as moradias compartilhadas (*colivings*). É a economia colaborativa em direção à sustentabilidade e à consciência ambiental.

Seguindo essa tendência da troca de experiência e contribuição, que se estende à Educação, sobretudo, sobre a necessidade de preparar nossas crianças e jovens para esse contexto de vida, a aprendizagem colaborativa parte do pressuposto da cooperação, tornando a sala de aula interativa, possibilitando a ampliação de pontos de vistas, aprimorando a comunicação e a proatividade dos alunos.

Sob essa ótica, ocorre a aprendizagem em grupos, com propostas de trabalho específicas para cada grupo em prol de um resultado. Juntos, os estudantes pesquisam, debatem, aprendem e ensinam mutuamente, desenvolvendo habilidades socioemocionais além das competências acadêmicas, como bem nos apresenta Glasser (1998).[4]

---

4. GLASSER, William. *Choice Theory*: A New Psychology of Personal Freedom. New York: Harper Perennial, 1998.

Figura 3 – Aprendizagem - habilidades e competências, segundo Glasser

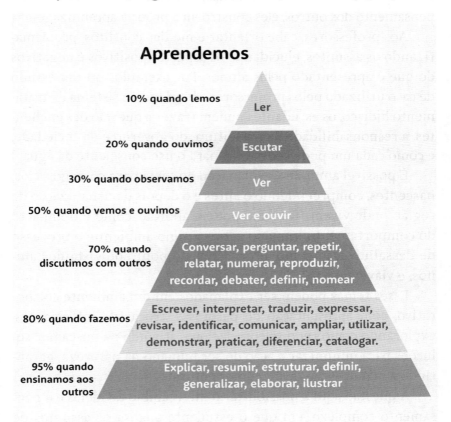

Fonte: Inspirada em Glasser (1998).

Nesse sentido, a Educação em que os alunos assumem uma posição ativa, de diálogo, participação, relacional e interpessoal, potencializa a aprendizagem, dada a complexidade exigida nesse contexto. Para ensinar, é preciso apropriar-se do conteúdo, elucidar as informações, interpretar dados, e elaborar uma explicação ou apresentação, de modo que o conhecimento se torne mais efetivo.

Quando trocam experiências e pontos de vistas, os estudantes estão aprendendo a ouvir, a repensar seu olhar. Ao considerarem o pensamento dos outros, eles constroem a própria aprendizagem.

Aos professores, cabe orientar e mediar conflitos, problematizando os assuntos, elucidando os aspectos positivos e negativos do que é apresentado pelos alunos. Por exemplo, em um estudo de caso utilizado pelos professores, abordando o sistema de tratamento hídrico, os estudantes podem trazer a questão das enchentes, a responsabilidade da prefeitura, do governo e da sociedade, e como cada um pode contribuir para o uso consciente da água.

É possível ampliar a explanação do tema para córregos, rios, nascentes, compreendendo o antes e o depois da urbanização da região onde vivem. Também podem abordar como é o impacto do comportamento humano sobre o meio ambiente; o processo de dessalinização como alternativa, do ponto de vista dos alunos, é viável ou não?

Esses temas podem ser explanados em um ambiente colaborativo, com apresentação de pesquisas, trocas de informações, explorando como tudo se correlaciona, atuando na busca por soluções para minimizar a ação do ser humano na natureza, garantindo a manutenção dos recursos naturais.

A questão aqui é possibilitar o intercâmbio de ideias e o pensamento complexo, em que o estudante analisa os assuntos de diversas formas, sob diferentes óticas, do macro ao micro, vantagens e desvantagens, considerando aspectos de ordem social, econômica, pública e privada. Isso pode contribuir para a apropriação de uma visão holística e de maior compreensão da realidade.

Assim, é possível criar situações em que o desenvolvimento da autonomia se torne um dos grandes benefícios da aprendizagem colaborativa, bem como a formação da identidade dos alunos, a capacidade de planejamento e organização, favorecendo, ainda, a interdisciplinaridade.

4.3.8. Interdisciplinaridade

Com base na Educação de hoje e do futuro, que prevê uma contextualização, outras abordagens de aquisição de conhecimento e novo olhar para a escola, é preciso repensar nossos currículos, trazendo além de novas metodologias e didáticas, há uma nova forma de pensar Educação. Escola para quê? Por quê? E para quem?

Ao fazer esse exercício, é importante refletir sobre o modelo de grade de conteúdos. Historicamente a Educação massificada trouxe o formato de disciplinas isoladas, empacotadas em apostilas para que todos tivessem acesso e treinassem ou realizassem exercícios de fixação da matéria lida. Aulas de cinquenta minutos, com alternâncias de disciplinas, tudo fragmentado e desconectado.

Quando pensamos em uma abordagem interdisciplinar, precisamos ter em mente o que se pretende e qual a essência do que está sendo proposto. Segundo Ivani Fazenda (2003), "para a atividade interdisciplinar como busca da totalidade do conhecimento, ou seja, a interdisciplinaridade se faz por meio da própria disciplinaridade". Para a autora, é preciso manter as disciplinas, mas analisar as formas de conectá-las em busca de uma aprendizagem real, por meio de um processo dialógico e relacional.

Em tempos de uma Educação disruptiva, permeada por tecnologias e alunos críticos necessitando de aprendizagens significativas, há de se repensar o contexto escolar e o currículo de forma integral e interdisciplinar.

Ainda conforme Fazenda (2003, p. 29), "ela (a interdisciplinaridade) é a arte do tecido que nunca deixa ocorrer o divórcio entre seus elementos, entretanto, de um tecido bem trançado e flexível".

As metodologias ativas, que serão apresentadas no próximo capítulo, promovem um trabalho pedagógico interdisciplinar em sua essência, tanto em relação à produção dos alunos, quanto na mediação dos professores, tendo como premissa a utilização de diversos conteúdos (disciplinas) para responder uma pergunta ou trazer uma solução, buscando sempre um aprendizado mais amplo e conectado possível.

Nessa perspectiva, Fazenda (1994, p. 28) afirma que "interdisciplinaridade não é categoria de conhecimento, mas de ação". Na ação, as metodologias ativas focam a participação dos estudantes no processo pedagógico, agindo sobre si mesmos, sobre o outro e sobre o objeto de estudo.

Os estudantes fundamentam suas teorias e suas hipóteses, encontrando soluções com base nos conhecimentos adquiridos de forma interdisciplinar. Afinal, para uma mesma questão, podem ocorrer várias maneiras de resolver, caminhos a trilhar, e todas as vertentes devem ser consideradas para um trabalho eficaz. Daí a importância em considerar a solução de problemas como uma instância necessária e imprescindível.

4.3.9. Solução de problemas

Com a Revolução 4.0, o futuro das profissões ainda é incerto, mas com certeza haverá tecnologia envolvida. Esse ponto é indiscutível.

Como mencionado anteriormente, a partir de dados do Fórum Econômico Mundial, estamos formando nossos alunos para profissões que ainda não existem, e eles trabalharão em empresas que ainda não foram fundadas.

Com tantas mudanças acontecendo, certamente serão enfrentados novos desafios pelos estudantes de hoje, da Geração *Alpha* e das próximas. Neste cenário, devemos prepará-los para solucionar problemas, da magnitude que for, seja para trazer soluções sustentáveis e vitais para o ser humano, como a falta de água, ou para resolver a questão do tráfego aéreo (se é que algum dia haverá carros sobrevoando as cidades).

De fato, a Educação 4.0 reafirma a necessidade de se ensinar mais que conteúdos, transmitir muito mais que informação, já que esta está disponível em todos os lugares para quem quiser acessar, mas o novo olhar para a Educação passa pela resolução de problemas.

Algumas pesquisas também demonstram que o profissional do futuro deverá ser flexível, resiliente e terá diversas profissões ao longo da vida, já que as da atualidade, em grande escala, serão substituídas por tecnologia e o recurso humano será direcionado para aquilo que é inerente somente às pessoas.

No próximo capítulo, ao considerar sobre as metodologias ativas em si, há de se destacar que um dos pilares desta abordagem é a busca por soluções de problemas, criatividade, cooperação, o que está diretamente alinhado com as habilidades e competências imprescindíveis a serem desenvolvidas nos alunos do século XXI.

Com o objetivo de ampliar a percepção da escola diante dos desafios da nova Educação, retomamos o relatório para a Organização das Nações Unidas para a Educação, a Ciência e a Cultura (Unesco), da Comissão Internacional sobre Educação para o Século XXI, "Educação: um tesouro a descobrir" (2010), elaborado por Delors (1925-).

Esse conteúdo apresenta os quatro pilares da Educação, já àquela época transcendendo o papel da escola como transmissor de conteúdos, e aludindo ao que, de fato, se espera das instituições de ensino, no sentido de priorizar e desenvolver conteúdos.

Ainda objetivando fazer mais pela Educação, repensando prioridades, o papel da escola, e o compromisso com um ensino de qualidade, apresentamos uma das principais características que preconizam a Educação 4.0 e as Metodologias Ativas: Educação para o Pensar.

Tabela 3 – Os quatros pilares da educação

Aprender a conhecer	Combinando uma cultura geral, suficientemente ampla, com a possibilidade de estudar, em profundidade, um número reduzido de assuntos, ou seja: aprender a aprender, para beneficiar-se das oportunidades oferecidas pela educação ao longo da vida.
Aprender a fazer	A fim de adquirir não só uma qualificação profissional, mas, de uma maneira mais abrangente, a competência que torna a pessoa apta a enfrentar numerosas situações e a trabalhar em equipe. Além disso, aprender a fazer no âmbito das diversas experiências sociais ou de trabalho, oferecidas aos jovens e adolescentes, seja espontânea mente na sequência do contexto local ou nacional, seja formalmente, graças ao desenvolvimento do ensino alternado com o trabalho.
Aprender a conviver	Desenvolvendo a compreensão do outro e a percepção das interdependências – realizar projetos comuns e preparar-se para gerenciar conflitos – no respeito pelos valores do pluralismo, da compreensão mútua e da paz.
Aprender a ser	Para desenvolver, o melhor possível, a personalidade e estar em condições de agir com uma capacidade cada vez maior de autonomia, discernimento e responsabilidade pessoal. Com essa finalidade, a educação deve levar em consideração todas as potencialidades de cada indivíduo: memória, raciocínio, sentido estético, capacidades físicas, aptidão para comunicar-se.

Fonte: Delors, J. Unesco, 2010.

4.3.10. Educação para o Pensar[5]

Ao pensar sobre como escapar de uma situação de perigo, como resolver um conflito, como encontrar uma solução para

---

5. Quando reflito sobre a frase "Educação para o Pensar", relembro as palavras de meu pai, quando diz (e certa de que já ouviu de uma pessoa com alguma experiência de vida) que o mais importante na vida é "ensinar a pescar". Outro ensinamento dele, que sempre me apoiou em todas as minhas decisões, é que a única coisa que não lhe tiram é seu conhecimento. Então, Educação é a melhor herança que um pai pode deixar a seu filho... Quanto significado em duas frases que me acompanham desde criança (N.A.).

um problema, é preciso, antes de tudo, considerar ética e respeito a todos os envolvidos; afinal, empatia se resume em "não faça para o outro o que não gostaria que fizesse com você" (mais uma verdade dos mais sábios).

A ideia da memorização pela memorização já não cabe na Educação atual e do futuro. É preciso utilizar o tempo dos alunos dentro da escola de forma inteligente, com o que realmente importa: não lhes dar o peixe, mas ensinar-lhes a pescar.

Com acesso à informação, é preciso orientar os alunos a desenvolverem a busca por conhecimentos a partir dessas informações. Há recursos com grande banco de dados para tudo o que os estudantes precisam saber para fazer, porém o que mais importa é pensar!

Munidos de dados, informações, infográficos, pesquisas, além dos conteúdos em vídeos, tutoriais, documentários, os alunos de hoje precisam aprender o que fazer com tudo isso em prol de um resultado que se transforme em conhecimento, que será utilizado para algo real em um contexto criado para gerar aprendizado. Ou seja, a partir de uma problemática, na Educação ativa se pressupõe o exercício de busca de informação para promover conhecimento.

Espera-se que a Educação 4.0 fomente o interesse e o engajamento dos alunos no aprendizado, que será despertado a partir de um contexto mobilizador, em um movimento dialógico que permita desenvolver as habilidades necessárias para o futuro desafiador que dá sinais e aguarda-nos para um novo mundo que se estabelece diariamente à nossa volta e em nosso interior.

Reinventar-se, pensar em novas formas de fazer Educação, com novos propósitos, é esse exercício que convidamos os educadores a fazerem hoje. Por vocês, por nossos estudantes e pelo mundo ao qual nos comprometemos transformar.

Capítulo 5

Metodologias ativas como proposta didática
Técnica ou concepção pedagógica?

Em seu tempo de escola, qual foi o professor mais inesquecível? Aquele que os apoiou e que lhes transmitiu confiança nos momentos mais difíceis? Ou aquele que se enfureceu quando vocês repetiram pela terceira vez que não entenderam a matéria?

O tempo que passamos como estudantes, na escola, é bastante longo. Para se ter uma ideia, uma criança que entra na escola aos três anos de idade, ao completar o Ensino Médio, terá passado três mil dias, ou cem meses de aula, considerando-se duzentos dias letivos. Esse é um período repleto de experiências, carregado de sentimentos, desentendimentos, conflitos, alegrias, frustrações e aprendizados.

Diante de uma carga horária tão ampla, tivemos de lidar com muitas adversidades, momentos de superação, e outros nem tanto. E os professores possuem uma grande participação nessas experiências. Alguns mais afetuosos e sensíveis fizeram interferências quase cirúrgicas nos momentos certos; outros foram duros e mal lembravam seu nome; outros agiram com menos rigidez. Essa identidade profissional é característica de cada professor, e podemos aprender com a diversidade deles.

Alguns professores, mais didáticos, transformavam o complexo em simples, e a matéria era tão fácil de ser aprendida. Com outros, a dificuldade era maior, e nós, como alunos, nem sempre conseguimos identificar se o problema estava na matéria, em nós ou na forma como estávamos aprendendo.

Libâneo (1994, p. 25-6) conceitua a didática como "teoria de ensino". Segundo o autor,

> [...] a ela cabe converter objetivos políticos e pedagógicos em objetivos de ensino, selecionar conteúdos e métodos em função desses objetivos, estabelecer os vínculos entre ensino e aprendizagem, tendo em vista o desenvolvimento das capacidades mentais dos alunos. [...] trata da teoria geral do ensino.

Nessa perspectiva, Libâneo (1994) considera três aspectos para definir didática: os alunos, os vínculos de ensino-aprendizagem e os objetivos de ensino. A partir desse trinômio, os professores selecionam conteúdos e métodos que serão utilizados para que aconteça a aprendizagem.

Refletindo sobre os estudantes de hoje, sobre o papel da escola e a relação ensino-aprendizagem, as metodologias ativas sugerem uma proposta didática integral, fomentando a aquisição de conhecimento a partir de pesquisas e da produção dos alunos, que passa a ser atuante na relação dialógica entre teoria e prática. Identificamos, pois, nesses três pilares:

Figura 4 – Proposta didática integral

ALUNO DO SÉC. XXI
- Articulado
- Conectado
- Autodidata
- Crítico

VÍNCULO ENSINO-APRENDIZAGEM
- Aluno-autor, pesquisador
- Professor mobilizador, facilitador
- Construção cooperativa, relação interdependente

OBJETIVOS DE ENSINO
- Informação
- Conhecimento
- Educação para o pensar
- Habilidades e Competências
- Protagonismo do aluno

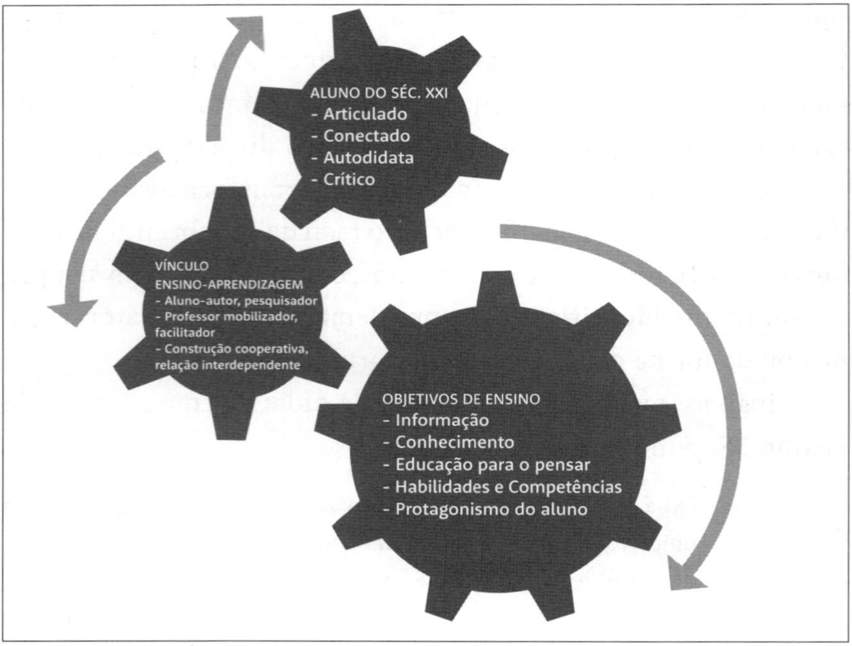

Fonte: Elaborada pela autora.

Nas metodologias ativas, a aprendizagem alcança novas perspectivas, transcende o acúmulo de conhecimentos (agora disponíveis nos meios digitais e de fácil acesso), para uma esfera de possibilidades mais abrangentes, com foco especial no desenvolvimento de habilidades e competências, como contemplado na BNCC (2017, p. 56):

[...] O estímulo ao pensamento criativo, lógico e crítico, por meio da construção e do fortalecimento da capacidade de fazer perguntas e de avaliar respostas, de argumentar, de interagir com diversas produções culturais, de fazer uso de tecnologias de informação e comunicação, possibilita aos alunos ampliar sua compreensão de si mesmos, do mundo natural e social, das relações dos seres humanos entre si e com a natureza.

A essência das metodologias ativas diz respeito ao protagonismo dos alunos, à escola participativa e colaborativa, em que se manifestam as condições para que estes se desenvolvam de forma integral. É oferecer-lhes as problemáticas e os contextos para que, agindo sobre a realidade e em busca de soluções, aprendam a pesquisar, comparar, debater, elaborar, prototipar, utilizando-se ou não de tecnologia.

Independentemente da técnica adotada, é preciso compreender tal perspectiva, para que o trabalho não seja limitado a um conjunto de técnicas realizadas com ou sem sistematização e intencionalidade.

Trata-se de uma postura didática que põe os alunos como protagonistas, participantes, sujeitos ativos do processo de aprendizagem, produtores de conhecimento, pesquisadores, criativos, inventivos e autores de sua jornada pedagógica.

Portanto, é imprescindível que os professores promovam encontros que incentivem a leitura, a discussão e a apropriação de metodologias, possibilitando que a equipe pedagógica encontre os caminhos e ações que fazem mais sentido para a realidade escolar.

As metodologias ativas promovem a inovação da escola, mas é preciso ter em mente que ações isoladas e desconectadas não tornam a instituição inovadora, mas sim o conjunto compreendido por intenção pedagógica, metodologias que atendam a esses objetivos, avaliação integral e intervenção.

Figura 5 – Proposição de conexões pedagógicas

Fonte: Elaborada pela autora.

A intenção pedagógica está além dos conteúdos. Não se trata apenas das matérias e das disciplinas, mas de todas as vertentes que os professores desejam alcançar com cada aluno, em busca do desenvolvimento desse sujeito como um todo.

O olhar sensível para a sala de aula é fundamental. No modelo convencional, os professores partem do "zero", propõem o conteúdo e ensinam; os alunos 'aprendem'. Os professores avaliam, finalizam com uma nota, e todos partem para o próximo capítulo ou bimestre.

Na proposta de trabalho com metodologias ativas, o processo é mais extenso e profundo; permite maior tempo para pesquisas, entrevistas e debates. É possível avaliar habilidades socioemocionais além dos conteúdos aprendidos e intervir para desenvolver os aspectos menos favorecidos e salientar as valências positivas.

Isso demanda maior atenção dos professores durante o processo. Ao agirem como mediadores, eles favorecem a aprendizagem ao permitirem, por exemplo, que se componham as melhores duplas de trabalho, os grupos com mais ou menos sinergia, dependendo do que se pretende em cada momento.

O processo pedagógico convencional reveste-se basicamente das seguintes etapas:

Figura 6 – Processo pedagógico tradicional

Fonte: Elaborada pela autora.

Por sua vez, o processo pedagógico ativo demanda as seguintes etapas:

Figura 7 – Processo pedagógico ativo

Fonte: Elaborada pela autora.

Nesse sentido, transforma-se o olhar sobre o erro, compreendendo que este faz parte do processo de aprendizagem. Os professores, durante sua jornada, observam as duplas de trabalho que são mais bem-sucedidas, aqueles grupos que mais produzem, como os estudantes se comportam diante do trabalho colaborativo, se são resilientes, como lidam com a frustração, com opiniões diferentes, o que permite traçar um perfil mais assertivo dos alunos e auxiliá-los na superação de suas dificuldades.

A partir dessa leitura, os estudantes percebem que estão sendo respeitados em sua individualidade, desde as temáticas propostas em sala de aula de forma contextualizada, até nos direcionamentos feitos a partir de uma avaliação integral, em que se traçam novas estratégias para o desenvolvimento dos pontos 'fracos' diagnosticados.

5.1. Aprendizagem Baseada em Problemas

A Aprendizagem Baseada em Problemas (Problem Based Learning [PBL]) é uma metodologia que permite grande engajamento dos alunos, pois há objetivos claros para a aprendizagem.

Partindo de um problema real (de preferência), seja no interior da escola, seja no entorno, seja na comunidade, seja em aspecto ambiental, seja no campo social, seja no econômico, seja no setor político, é possível trazer a vida para dentro da sala de aula e, identificando o problema, pensar nas possibilidades de resolução.

Para exemplificar, uma situação de aumento de pernilongos na escola, que está gerando incômodo nos alunos, reclamação de pais de que as crianças chegam com sinais de picadas em casa, além de dificuldade de concentração nas atividades ocasionada pelos mosquitos. Mais grave ainda, se alguma pessoa tiver contraído dengue (doença transmitida pelo mosquito *Aedes aegypti*), pela proliferação das larvas dos insetos.

Os professores podem alertar os alunos sobre o caso e, observando a própria condição vivenciada pelos estudantes, sugerir que estudem maneiras de resolver esse problema.

Este é o ponto de partida: a identificação do problema. Em seguida, os estudantes podem iniciar uma pesquisa para compreensão dos impactos e das consequências desse fato, por exemplo, realizando uma enquete pela escola, levantar dados para mapear a situação.

Enquanto uma equipe levanta essas informações, outro grupo pode iniciar a pesquisa das causas do problema, as quais podem ser um córrego passando ao lado da escola, o acúmulo de água em uma praça malcuidada da região ou a elevação da temperatura em determinado período do ano.

Vale citar que pesquisa de campo, observação do meio, diálogos com a comunidade local, com pais, as metodologias ativas provocam esse movimento de ir além da sala de aula, é inserir os alunos em atividade real, agindo sobre a temática abordada.

Com as informações coletadas, é hora de identificar as causas. Nesse processo, os estudantes percebem que aprendemos uns com os outros, ouvindo os relatos, se coloca no lugar do outro, especialmente se, às margens do córrego, houver famílias carentes, constatarão outras demandas e problemas gerados pela falta de limpeza ou tratamento correto da água.

Em seguida, é viável iniciar as pesquisas para a resolução do problema, ou, neste caso, podem ser algumas causas associadas, mas os próprios alunos chegarão a essa conclusão.

Os professores foram os propulsores da pesquisa. Sabendo que o objetivo era trabalhar conteúdos como política, o papel do prefeito na sociedade e doenças transmissíveis, isso fomentou uma discussão sobre o problema enfrentado no colégio para desenvolver conteúdos pedagógicos.

Os alunos, por sua vez, interessam-se mais quando se sentem úteis, quando enxergam um propósito naquilo que estão fazendo. Além disso, nesse exemplo, os professores estarão desenvolvendo algo muito valioso no sentido da integralidade do sujeito, que é a empatia, o senso de responsabilidade e de cidadão.

Ao término desse processo, podem-se gerar campanhas de conscientização, informativos sobre como os alunos devem se prevenir, sugerir providências cabíveis à direção, promover um mutirão de limpeza no córrego e na praça do bairro em parceria com familiares e moradores, entre outros.

"Provocar", essa é uma das palavras que denotam as metodologias ativas, o papel provocador dos professores, a ação de incentivar mudanças na comunidade, as provocações ocorridas no processo de construção das aprendizagens, que ultrapassam os conteúdos formais.

Sejam professores provocadores de interesses, diretores incentivadores de mudanças, coordenadores deflagradores de possibilidades. Façam acontecer!

5.2. Ensino híbrido

Provenientes de uma Educação tão massificada e robotizada, em que todos tinham de estar na mesma página, no mesmo exercício, alinhados, como se aprendêssemos de forma cadenciada, atualmente os educadores inovadores já despertaram para a importância de uma Educação personalizada.

Entendemos que cada estudante possui habilidades próprias, inteligências específicas e, portanto, aprendem em tempos e de formas diferentes.

O ensino híbrido (ou Blended Learning) favorece a personalização da aprendizagem, justamente por potencializar a autonomia, garantindo que cada aluno estude no ritmo e no horário que escolher, podendo reler e revisar conteúdos quantas vezes forem necessárias.

Nessa metodologia a aprendizagem é realizada nos formatos presencial e *on-line*, utilizando-se plataformas de conteúdos, videoaulas, jogos, voltados para a aquisição e apropriação de informações por meio digital. Os alunos, então, pesquisam e estudam a partir de dispositivos tecnológicos. Daí a importância de termos conhecimento das TICs, já que esse universo possui grande aceitação por parte dos estudantes dos dias atuais.

No momento presencial, privilegiam-se a discussão, os debates, a troca entre alunos e professores, que mediam a aprendizagem com foco no objetivo pedagógico que pretendem desenvolver.

Nesse sentido, há a redução de aulas expositivas, o espaço destinado à sala de aula é, atualmente, voltado para produção, debates, apresentação de informações adquiridas por meio digital. Essa dinâmica enriquece a aula, cada aluno discorre sobre os pontos pesquisados e, juntos, chegam às conclusões.

No ensino híbrido, a ação de ensinar dos professores muda, torna-se necessário focar em estimular e orientar os estudantes, onde e como devem pesquisar, como fazem para adquirir autonomia e criticidade para pesquisar em fontes confiáveis.

A partir de dispositivos como celular, *tablet, notebook*, entre outros, é possível utilizar o formato *on-line* em qualquer espaço. Há colégios que possuem uma estação na sala de aula, com mesa e equipamentos para que os alunos acessem, outros optam por um Lab, que será acessado em momentos específicos voltados para pesquisas *on-line*.

É importante salientar que a principal vantagem da internet para a Educação é a democratização da informação. Hoje é possível acessar conteúdos gratuitos, em qualquer idioma, com diferentes graus de complexidade, a um toque e na palma da mão, a escola só precisa se apropriar disso e utilizar a favor da aprendizagem.

Com o ensino híbrido abre-se um mundo de possibilidades; é possível ter informações atualizadas a todo o momento, acessar diferentes tipos de conteúdos, aprofundar os conhecimentos, o que, em um material físico e restrito, era inviável.

Alunos com deficiências, transtornos ou dificuldade de aprendizagem também se beneficiam desse método, já que podem utilizar vídeos, documentários, reportagens, incluindo com libras para acessar conteúdos que antes só eram possíveis em textos. Além disso, podem acessar os conteúdos quantas vezes forem necessárias, fazer mapas mentais, criar infográficos que auxiliam na compreensão e retenção do conteúdo na memória.

Nesse sentido, os alunos saem da posição passiva de assistir às aulas e absorverem (ou não) os conteúdos explanados pelos professores, para buscar fontes, pesquisar, interpretar, elaborar resumos, resenhas, organizar mentalmente as matérias em um movimento muito mais complexo que antes, reforçando as sinapses (impulsos nervosos que realizam a comunicação dos neurônios com o restante do corpo, bem como com o meio externo) e ampliando a apropriação das aprendizagens.

Em contrapartida, a atuação dos professores também muda. É preciso que eles se apropriem de novas ferramentas e recursos tecnológicos que venham a contribuir com o aprendizado. Nunca foi tão necessária a formação continuada, e não apenas no sentido pedagógico, mas agora digital.

Os professores precisam ouvir seus alunos, o que eles trazem do universo digital e que pode ser abarcado à sala de aula. Nesse momento, a Educação deixa de ser unilateral, em que os professores ensinam e os alunos aprendem, para uma situação de compartilhamento de saberes, a troca entre esses dois agentes pode ser riquíssima se ambos estiverem abertos.

Há novas ferramentas de apresentação de trabalhos, novas plataformas de gestão do conhecimento, de jornadas de aprendizagens que utilizam, por exemplo, inteligência artificial e podem ser valiosas nas descobertas dos estudantes. Portanto, o papel de mediadores e orientadores dos professores, especialmente na curadoria dos conteúdos e fontes de pesquisa dos alunos, é importantíssimo.

Aqui, o objetivo é oferecer novas experiências de aprendizagens aos alunos, novas formas de interação com o conteúdo. Para isso, não é preciso desconsiderar o espaço escolar; este se mantém, assim como as produções e as avaliações, entretanto é possível oferecer estratégias que aproximem a escola do mundo dos nativos digitais.

Os docentes têm a função de orquestrar todos esses elementos, o mundo digital, presencial, a relação aluno-aluno e aluno-professor, ampliando os horizontes da escola.

5.3. A sala de aula invertida

"Ressignificar", esse é o sentido da sala de aula invertida (em inglês, *flipped classroom*). Os professores não representam mais os únicos acessos à informação e ao conhecimento. A internet viabilizou e aproximou o caminho para a obtenção de qualquer conhecimento, seja por tutoriais, seja por documentários. Enfim, tudo o que antes ficava restrito a um grupo seleto de pessoas hoje está na rede e disponível para qualquer pessoa.

Crianças e jovens nasceram neste mundo e aprenderam a aprender. Crianças de um ano de idade trocaram a televisão pelo *tablet* e pesquisam sozinhas um vídeo de sua preferência, assistem-no e se divertem.

Em um mundo cada dia mais dinâmico, com alunos cada vez mais autodidatas, é preciso repensar o formato de ensino e de aprendizagem que a escola propõe. Os estudantes, em sua maioria, desejam uma disruptura do modelo convencional para uma proposta que tenha mais alinhamento com a sua forma de pensar, aprender e ver o mundo.

As metodologias ativas vêm ao encontro disso e trazem abordagens que inserem os alunos como protagonistas e autores de sua jornada de aprendizagem, desmistificando a premissa de que apenas os professores detêm o conhecimento e que, em aulas sistematizadas e prontas, transmitem seus conhecimentos aos discentes que nada sabem.

Na sala de aula invertida, os professores reforçam a autonomia dos alunos, orientando-os a se desenvolverem sozinhos, a aprenderem de forma organizada, otimizando o tempo em sala de aula.

Tal abordagem foi intitulada por Jonathan Bergmann e Aaron Sams, em 2007, a partir de experiências de sua realidade escolar, no Colorado (EUA), conforme explicitada na publicação de 2016. Por exemplo, desde 2012, na escola em que atuo como diretora pedagógica, utilizando o termo "Preparação para a aula", os professores direcionam o tema e algumas fontes para que os alunos leiam e pesquisem. No dia da aula, todos apresentam suas pesquisas sobre o assunto, alguns em vídeos, outros em revistas, periódicos, videoaulas. Isso enriquece as discussões e amplia os olhares. Desse modo, um estudante complementa a informação do outro e, juntos, constroem conhecimento.

O objetivo dessa atividade é utilizar o espaço da escola para coletivamente esclarecer dúvidas, criar situações de debates, produzir resumos, mapas mentais, tudo isso em duplas, trios, dependendo da dinâmica proposta pelos professores.

O conteúdo teórico é acessado de forma individual, em casa, antes de ser abordado na sala de aula. Nesse momento, especialmente com o uso de recursos digitais, como *podcasts*, vídeos, textos, reportagens, os alunos estudam e se apropriam do tema. É aconselhável que os professores sugiram fontes variadas de pesquisa; assim, será enriquecedor quando os alunos levarem suas informações e suas percepções para a sala de aula.

No dia da aula, é possível abordar o conteúdo no laboratório, no pátio ou à sombra de uma árvore. Aqui, pode-se romper com as paredes da sala de aula e abrir espaço para que os alunos emitam suas opiniões e apresentem tudo o que foi descoberto sobre o tema.

O papel dos professores, nesse momento, é de "costurar" todas as informações dos estudantes, promover debates, complementar com dados que não foram levantados, ampliando o conhecimento. Nessa dinâmica, os alunos podem fazer anotações, mapas conceituais, relatórios, textos individuais ou coletivos, com as conclusões do grupo e mediados pelos professores.

Uma grande vantagem dessa abordagem é respeitar os diferentes ritmos e estilos de aprendizagem, uma vez que os alunos têm a possibilidade de estudar no momento que tiverem maior rendimento e concentração. Também podem ler, ouvir ou assistir ao conteúdo quantas vezes forem necessárias para que compreendam o assunto.

Na escola, os professores devem se policiar para não serem repetitivos e reproduzirem as pesquisas em uma aula expositiva. A proposta é ouvir o que os alunos têm a dizer, e permitir que participem ativamente da construção do conhecimento.

O fato de os estudantes terem acesso ao conteúdo antecipadamente e a sua maneira é refletido em maior engajamento e motivação nos momentos coletivos em sala de aula. Uma vez que terão uma fala ativa, irão expor suas descobertas para o grupo, tornando, assim, a aula mais envolvente.

Cabe ressaltar que a autonomia dos estudantes é construída nesse movimento. É comum verificar professores que desistem de inovar e de experimentar novos formatos de aula por temer que os alunos não consigam se desenvolver como eles esperam, mas é preciso ter em mente que os discentes, por si mesmos, não são autônomos. Eles não se motivam sozinhos e não estão prontos. Esse processo é gradativo; são necessárias diversas tentativas; alguns estarão mais abertos às novas experiências, outros menos, mas é preciso ter foco e persistência, alternar as propostas, promover diferentes tipos de dinâmicas, como debates, roda de discussão, criação de questionários que podem ser trocados, apresentação de seminários, resumos em duplas.

Aos poucos, os professores vão percebendo quais propostas têm maior aceitação, o que funciona melhor com cada grupo, e vão delineando o perfil da turma. É válido salientar que cada sala possui uma dinâmica própria, alguns alunos são mais argumentadores, outros mais observadores, há também os mais agitados ou imaturos, e a linguagem dos professores deve se adaptar a cada realidade para favorecer e criar situações em que possam evoluir a partir do ponto em que estão.

A sala de aula invertida é uma abordagem que propicia o desenvolvimento de habilidades como a capacidade de argumentação, de análise e síntese, interpretação, planejamento, leitura, escrita e demais habilidades de acordo com as propostas oferecidas pelos professores.

5.4. Design Thinking

A tecnologia no mundo digital muda diariamente a nossa sociedade, a tal ponto que estamos vivenciando a Quarta Revolução Industrial, com inovações que impactam as vidas direta ou indiretamente, e de forma intensa.

A cada solução, surgem novos problemas. Vejamos, por exemplo, o aparecimento dos produtos descartáveis, que foram de grande auxílio para as mães que lavavam fraldas, por exemplo, ou os canudos de plástico em restaurantes e lanchonetes, mas foram principais geradores de resíduos. O que fazer com o volume de materiais descartados inadequadamente? Como evitar o uso indiscriminado de matérias-primas? E o que fazer com o lixo eletrônico, ocasionado pelo descarte de computadores e impressoras?

Nesse sentido, entende-se que, à medida que evoluímos em determinados aspectos, vamos enfrentando novos desafios e criando problemas. Estamos assistindo ao nascimento de outras profissões que surgem com diferenciadas demandas sociais.

Por isso é importante ensinar nossos alunos a pensar e a solucionar problemas, para tanto, o desenvolvimento da criatividade se faz imprescindível na escola do século XXI.

O *Design Thinking* é uma metodologia que visa solucionar os problemas das pessoas. Tendo o ser humano no foco da problemática, propõe-se que, com uso do *designer*, criem-se soluções criativas para os mais variados problemas. Além disso, muitas empresas já fazem uso da abordagem para desenvolvimento de projetos e novos produtos.

Esse conceito foi criado por Herbert Simon (1916-2001), em seu livro referência, *The sciences of the artificial* (1996). Nessa obra, o autor desenvolveu os conceitos do que agora nominamos por *Design Thinking*. Na atualidade, o termo foi apresentado por David Kelley (1951-), professor da Universidade de Stanford e fundador da Ideo (empresa global de *design* e inovação), conforme citado em Brown (2009).

A abordagem traz cinco etapas de execução, constituindo uma lógica e maneira estruturada de se realizar o processo, que tem na criatividade a grande aliada para o desenvolvimento de soluções.

a) **Compreensão da realidade**: é o primeiro passo do *Design Thinking*, o momento da descoberta do problema. Nessa fase, desperta-se o aspecto investigativo da proposta. Os alunos envolvem-se com as etapas e as aprendizagens posteriores.

A empatia também é evidenciada entre as principais habilidades desenvolvidas, a partir da metodologia, uma vez que se enfatizam o olhar e o colocar-se no lugar de quem sofre o problema, ou para quem será pensado o projeto em questão.

O trabalho colaborativo é destacado na metodologia, em que os estudantes participam ativamente. Em duplas ou em grupos, todos pensam juntos nas demandas dos problemas, causas e consequências e, juntos, identificam os pontos nevrálgicos da temática.

É imprescindível que todos tenham clareza do problema e seus desdobramentos, para que os pontos cruciais sejam elencados e se pense de maneira holística, ganhando certa complexidade e fomentando o pensar nos estudantes.

b) **Interpretação**: é a segunda etapa do processo. É o momento de apresentar tudo o que foi pesquisado acerca do problema, desde entender onde e como o problema foi ocasionado, o que já foi feito para saná-lo, quais foram as tentativas exitosas e fracassadas, quem e como sofre com o problema, até qual a expectativa de mudança.

Vamos pensar em uma situação escolar. Muitos colégios sofrem com a presença de pombos no pátio, especialmente próximo à cantina. Pontos a serem levantados:

Problema: o transtorno gerado pela presença de pombos no pátio da escola.

Questionamentos:

- Por que eles incomodam?
- Quem são as pessoas afetadas?
- Quais são os transtornos acarretados para a equipe de limpeza?
- Que problemas essas aves ocasionam?

- Quais doenças podem ser transmitidas pelos pombos?
- Quais são os horários com maior incidência dessas aves?
- Que providências foram tomadas para minimizar o problema?

Essas são algumas questões que podem ser levantadas e respondidas nessas duas primeiras fases da metodologia. Nesse momento, os professores podem inserir conteúdos sobre classe dos animais a que pertencem os pombos, por exemplo, do que se alimentam, seu *habitat*, seu ciclo de vida, seus hábitos, enfim, um estudo aprofundado do causador do problema em questão.

c) **Ideação**: é a terceira etapa do processo; é o momento do *brainstorm*[6], da criação, em que pode ser aflorada a criatividade. Nenhuma ideia deve ser descartada. Toda sugestão é valiosa, pois, por mais absurda que pareça, pode servir de inspiração para outra mais assertiva.

Os professores possuem um papel fundamental no incentivo à criatividade, auxiliando os alunos no levantamento de hipóteses, questionando, confrontando informações, elucidando e realizando a mentoria necessária para que eles pensem de forma complexa e completa. Enfim, oferecendo aos estudantes o estímulo necessário para tirá-los da zona de conforto e incentivando-os a pensar além.

d) **Prototipagem**: é a quarta etapa da metodologia. Aqui, as sugestões saem do papel e ganham vida, por exemplo, com a

---

6. Formada pela junção de *brain*= 'cérebro' e *storm*= 'tempestade', [...] sua tradução mais usual é tempestade de ideias. O *brainstorming* é uma técnica muito comum e conhecida utilizada para a solução de problemas e para a busca de ideias criativas e conceitos inovadores em uma empresa.

elaboração de uma maquete, utilizando o conceito de mão na massa. Essa é a hora de criar produtos, experimentar e testar as ideias levantadas na terceira etapa.

Nesse momento, algumas ideias são abandonadas, quando se percebem inviabilidades, outras ganham força para estarem mais consistentes e serem mais possíveis.

Voltando ao exemplo do problema com a infestação de pombos no pátio do colégio, na fase de ideação, podem surgir ideias como a criação de um grande ventilador para espantar as aves, ou a instalação de uma tela fina que poderia ser instalada em toda área do pátio para evitar que eles voassem perto dos alunos durante o lanche.

Na fase da prototipagem, pode-se descobrir que as ideias talvez não resolvam o problema, ou fazê-lo de forma parcial ou total. Ao se buscar soluções, é preciso ponderar as implicações das decisões, considerando possíveis variáveis favoráveis e desfavoráveis. Entretanto, podem surgir sugestões a partir da descoberta de que um tipo de cheiro afasta os pombos, e isso seria aplicado nos arredores do pátio. Os estudantes poderiam produzir um repelente para os animais ou tantas outras alternativas que só dando voz aos alunos e a oportunidade de eles usarem a criatividade poderiam florescer.

É importante que os alunos tenham materiais estruturados e não estruturados disponíveis para os experimentos e protótipos, como sucata, cola, palitos, lixas, algodão, tecidos, ou até martelo, madeira, também podem ser usados para as mais variadas criações que os estudantes são capazes de produzir.

e) **Evolução**: é a quinta e última etapa da metodologia, em que serão avaliados os protótipos, as soluções mais inovadoras e viáveis, onde e como podem ser melhoradas.

Algumas ferramentas facilitadoras podem ser utilizadas durante a utilização da abordagem, com a mediação dos professores. A sugestão de um problema real é interessante, pois ela pode ser aplicável. Com isso, os alunos se sentem empoderados e importantes, pois suas propostas serão ouvidas e utilizadas na vida real. No decorrer do processo, ocorrem descobertas e aprendizados de conteúdos, mas as habilidades e competências desenvolvidas, os estudantes levarão para a vida.

Atitudes colaborativas, criatividade, capacidade de síntese, comunicação, empatia, reflexão, pensamento crítico, responsabilidade, ética, inventividade, até aprender a lidar com frustrações, quando determinada ideia for descartada, quando uma proposta for deixada de lado porque outra foi mais votada pelo grupo; esses são alguns dos ganhos que os estudantes podem obter durante a jornada de solução de problemas por meio do *Design Thinking*.

5.5. Rotação por estações

Os profissionais que atuam com a Pedagogia Freinet têm ciência dos cantos de aprendizagens, ou cantos pedagógicos. Neles, os professores apresentam as propostas de trabalho em cada canto e os alunos desenvolvem suas atividades, tendo a possibilidade de organizar sua rotina de estudos, a sequência que irá realizar e gerir o tempo que permanecerá em cada canto.

Outras propostas que priorizam a autonomia do estudante também trazem em seus formatos a autogestão e o acesso a conteúdos e materiais diversificados, focando na produção e não na reprodução do escopo do texto, perguntas e respostas prontas, como a pedagogia proposta por Maria Montessori (1870-1952) e a Pedagogia Waldorf.

A rotação por estações é uma das abordagens que remetem às pedagogias progressistas, em que os alunos estão no centro do processo. Eles são sujeitos ativos na aquisição de conhecimento e desenvolvem-se integralmente enquanto aprendem os conteúdos presentes nas matrizes curriculares.

Essa é uma metodologia versátil e adaptativa, que possibilita que os professores proponham quantas estações forem necessárias para o desenvolvimento da atividade, com um ou dois grupos divididos por times. As estações devem ser independentes, com propostas claras de trabalho em cada uma delas; devem ter início, meio e fim, uma vez que o ideal é que os alunos iniciem e desenvolvam suas atividades simultaneamente, cada um na estação escolhida.

Em geral, são quatro estações que giram em torno de uma temática, projeto ou problema, e em cada uma terá uma proposta de trabalho específica, conforme a imagem a seguir.

Figura 8 – Estações de trabalho

Fonte: Elaborada pela autora.

"Aluno-professor", este é o momento dos direcionamentos. Nesse momento, os professores podem questionar, despertar o interesse dos alunos, orientar e auxiliar no planejamento do tempo e de ações.

No trabalho em grupo, além de disponibilizarem materiais físicos para pesquisa e criação, é possível que os professores troquem informações com os colegas, entendendo como estão se organizando, debatendo sobre determinada temática e sugerindo soluções para possíveis problemas.

Na estação de tecnologia, o ideal é que haja dispositivos digitais, como *tablets, notebooks, desktops* e até os próprios *smartphones* dos alunos, visando ampliar as pesquisas, assistir a vídeos e até propor *games* educativos. Outra possibilidade é utilizar essa estação para produção de apresentações. De uma forma ou de outra, apropriando-se da cultura digital, é um aspecto importante para motivar os nativos digitais, além de ampliarem conhecimentos e utilizarem a tecnologia para a Educação, transpondo o uso para entretenimento.

O trabalho individual será destinado ao desenvolvimento, planejamento e pesquisa em que o estudante necessitar de maior concentração. Os professores podem direcionar atividades individuais para esse momento, como questionários, resumos ou esquemas.

Na Pedagogia Freinet (conforme livros publicados de 1975 a 2004 e segundo Elias, 2002), os alunos planejam a própria jornada de trabalho diária e semanal, enquanto os professores mediam os grupos de modo que adquiram mais responsabilidade e autonomia, estimulando uma evolução constante.

Um exemplo para se trabalhar com a abordagem de Rotação por Estações é o tema Políticas Públicas, que envolve considerar o papel das prefeituras, dos governos, de cada cargo político nessas frentes, como: vereador, deputado estadual, assembleias e demais assuntos que permeiam a temática.

Em cada estação, há uma pesquisa diferente, levantamento de questões, quem é o prefeito e governador da cidade onde vivem, qual o tempo de permanência em suas funções ou quantas vezes pode haver reeleição. Essa proposta tira o conhecimento das mãos dos professores, que no modelo convencional é transmitido passivamente aos alunos, e os educadores passam a ser os desencadeadores da busca do conhecimento pelos próprios estudantes, provocando-os, estimulando-os a aprenderem sozinhos, com o outro, por meio da tecnologia, de fato, aprendendo a aprender.

O ambiente de sala de aula é remodelado e se torna mais dinâmico. As carteiras são reorganizadas para propiciar as estações, e os estudantes devem passar por todas elas. O fato de os alunos circularem pela sala, se conectarem com os colegas, estarem mais próximos aos professores, produzirem autonomamente, modifica o papel de todos os envolvidos.

O benefício da atividade é total. Repercute nos professores, que têm mais autonomia para direcionar os conteúdos, temas, profundidade dos assuntos, e dinâmicas utilizadas. Os alunos tornam-se protagonistas, autores, corresponsáveis, aprendem a planejar ações e gerir o próprio tempo, personalizando sua forma de aprender. Por sua vez, a escola torna-se inovadora, preocupada com a atualização pedagógica e comprometida com a formação de alunos do século XXI.

5.6. Cultura *Maker*

O movimento da Cultura Maker não é recente. Rudolf Steiner[7] (1861-1925) considerava os alunos seres atuantes e produtores de conteúdos. Por essa razão defendia uma Educação voltada ao desenvolvimento holístico que integra as experiências.

Outro representante da Educação progressiva foi John Dewey (1859-1952), defensor das experiências práticas e criativas associadas ao conteúdo teórico, segundo Pereira, Martins, Alves e Delgado (2009).

Freinet também via nos alunos um grande potencial criativo e produtivo. Teórico e professor, ele levou para a sala de aula algumas técnicas de aprendizagem que permitiam aos alunos estarem no centro do processo. Em sua sala de aula, os estudantes eram autores, produziam conhecimento, eram ativos, em um ambiente cooperativo e democrático. Utilizando a imprensa, por exemplo, os alunos produziam jornais que eram distribuídos na comunidade. Nesse momento, aprendiam gramática, ortografia, coesão, diagramação, além de estudarem sobre o que estavam apresentando no jornal.

Seguindo a mesma visão, o construcionismo (1980), teoria proposta por Seymour Papert (1928-2016), aborda a produção de algo concreto pelos alunos, em um processo de construção de conhecimento que passa pelo uso do computador em sala

---

7. Rudolf Steiner (1861-1925) filósofo, cientista e artista austríaco, criou a antroposofia e uma proposta denominada Pedagogia Waldorf. Em 1919, após a Primeira Guerra Mundial (1914-1918), ele criou uma escola que possibilitou a aplicabilidade da Pedagogia Waldorf.

de aula. Para o autor, o computador pode concretizar o pensamento formal, em um espaço em que brinquedos e ferramentas promovem aprendizagem, utilizando diversão e trabalho com tecnologias de forma integrada, como os *Makerspaces* voltados para a Educação.

Na cultura do "faça você mesmo", ou *'do it yourself'*, Hatch, em 2013, ressalta que os princípios de fazer, compartilhar, dividir, doar, aprender, equipar, brincar, participar, apoiar e mudar são parte do movimento, que se consolida em um constante pensamento de produção e criação.

O Movimento *Maker* foi formalizado em 2005, na revista *Make Magazine*, e consolidado em 2006, em uma feira especializada no tema, realizada nos Estados Unidos. Os Espaços *Makers* são compostos por computadores, especialmente para a função de programação, máquinas de corte de madeira, impressora 3D, plataformas de prototipagem como o Arduino e outras plataformas de robótica.

Nesses espaços, a criatividade e a imaginação ganham força. Lá tudo pode ser construído, especialmente soluções que resolvam problemas reais da escola, ou da sociedade como um todo.

Ferramentas de marcenaria, materiais diversos e acessíveis que possam oferecer a oportunidade de os estudantes explorarem, despertando a inovação e invenção de novos produtos e até de novas tecnologias. É um espaço de experiências, do desabrochar de novas ideias, do tentar, errar e acertar.

Os alunos podem testar suas hipóteses. Há liberdade de expressão, e os professores são facilitadores desse processo, disponibilizando informações, promovendo a interação entre os alunos, já que o compartilhamento é um dos pilares da Educação 4.0 como um todo e da Cultura *Maker*, em que todos cooperam, em projetos em que cada pessoa pode contribuir com o que faz de melhor.

O pensamento computacional contribui fortemente nessa abordagem, de forma interacional entre humanos e máquinas, combinando ambos na formulação de soluções, de forma estruturada e formalizada.

O uso da tecnologia tem-se tornado cada dia mais constante em nossa sociedade, seja para entretenimento, comunicação, mas principalmente no ambiente de trabalho. Praticamente todas as profissões do futuro terão contato com tecnologia, seja como instrumento, seja na criação de soluções a partir da tecnologia; portanto, torna-se urgente a implementação do pensamento computacional nas escolas.

Essa é a principal contribuição da Cultura *Maker* nas instituições de ensino, além das habilidades desenvolvidas nesses espaços, como criatividade, empatia, cooperação, capacidade de análise e síntese, inventividade, há o impacto no desempenho escolar como um todo. Dessa forma, tal abordagem é considerada uma metodologia ativa, indo ao encontro da concepção dos alunos como protagonistas e autores de soluções criativas.

5.7. Gamificação

Imaginar, criar, explorar, testar, arquitetar e explorar uns com os outros. Essas possibilidades estão garantidas com a *gamificação* em sala de aula.

Utilizando o recurso e a lógica do jogo, é possível que os estudantes criem e usufruam suas criações, trabalhando em projetos, compartilhando ideias, personalizando jogos com personagens (*avatares*), cenários e caminhos. Ou ainda, é possível utilizar jogos prontos direcionados para a Educação e os conteúdos em questão.

Ao adaptar os *games* a outros contextos, como o de sala de aula, as estratégias dos jogos possibilitam tornar o conhecimento mais atrativo, manifestando alguns comportamentos humanos como competitividade, socialização, superação e o prazer da recompensa em uma nova experiência de processo ensino-aprendizagem, valendo-se de técnicas e de *design* encontrados nos jogos para esse enriquecimento.

No sentido da recompensa, o critério dos *games* está também em nosso cotidiano, como o "junte pontos e troque por passagens aéreas", "a cada dez lavagens ganhe uma", e outros programas de fidelidade para manter o cliente ou aumentar as vendas. Jogos de tabuleiro e de percurso também já foram e são muito utilizados como recurso em sala de aula, em que os pinos representam cada jogador, que vão avançando as casas conforme respondem corretamente às perguntas. Não é necessário ter uma premiação material; a própria condição de ganhador é a maior recompensa, em um contexto de jogo no qual o maior prêmio é o conhecimento.

Com intencionalidade pedagógica bem definida, os professores delimitam os objetivos de aprendizagem do jogo e, a partir daí, trabalham-se os conteúdos obrigatórios, possibilitando desenvolver de matemática a ciências, cada fase pode ser um momento histórico na construção de uma linha do tempo, os personagens do jogo podem explorar diversos tipos de terrenos para compreender os tipos de solo, ou dar uma volta ao mundo conhecendo as diferentes culturas.

Na utilização desse recurso, o engajamento dos alunos ocorre por meio das missões encontradas nos jogos, superando obstáculos de uma forma desafiadora. Além disso, o ambiente lúdico contribui para a motivação e compreensão do aprendizado, amplificado pelo espírito colaborativo provocado na interação potencializada pelos projetos desenvolvidos em grupos.

Outro fator que deve ser considerado é a emoção que o jogo provoca nos jogadores. É na condução das emoções que emergem na ação do jogar que os professores identificam, intervêm e auxiliam os estudantes na superação de suas limitações. A cada *feedback*, os educadores podem detectar comportamentos dos alunos, demonstrando a necessidade de autocontrole, de empatia, da comunicação clara e objetiva, desenvolvendo a inteligência emocional, um dos aspectos mais importantes a serem trabalhados na escola do século XXI.

Além de progredir de fase no jogo, os estudantes devem ter em mente que precisam progredir como indivíduos, aprendendo a lidar com as frustrações, regras e criando um plano de evolução pessoal.

Ao aproveitar a tecnologia e a familiaridade dos estudantes com jogos, especialmente aqueles em formato *on-line*, que os conectam com pessoas do mundo inteiro, permite-se que a utilização dessa ferramenta em sala de aula reforce a motivação dos alunos.

Algumas plataformas de jogos disponibilizam até planos de aula, como é o caso da Minecraft Education Edition, dando suporte aos professores e orientando-os desde os primeiros passos.

O planejamento dos professores é essencial nessa abordagem, analisando os níveis de dificuldade de cada tarefa designada, de forma que o educando perceba sua evolução no projeto. Outro ponto importante é o *feedback* de cada etapa realizada, o que direciona e reforça as estratégias exitosas.

Com o uso de aplicativos, é possível incorporar novas tecnologias em sala de aula, e ainda personalizar a aprendizagem, ao passo que cada estudante vai superando suas dificuldades individuais.

Os princípios dos *games* aplicados à Educação viabilizam a contextualização, interação, customização, superação de desafios, concentração e consolidação da aprendizagem, em um ambiente de riscos e superação.

Uma pesquisa recente aponta que 66,3% da população brasileira joga algum tipo de *game*, por que não levar esse interesse para a sala de aula, como recurso pedagógico para provocar aprendizagens? A inspiração que o jogo traz para crianças e adolescentes é o grande diferencial da *gamificação*.

5.8. Aprendizagem Baseada em Projetos

Imaginem um projeto sobre sustentabilidade. Muitas escolas já trabalharam esse tema pensando em conscientização ambiental, no cuidado com a natureza, em repensar comportamentos, entre outros exemplos.

Vamos pensar que a escola ou os professores queiram propor um conjunto de ações que promovam mudanças de atitudes em prol do meio ambiente, mas não deixando de lado todos os conteúdos programáticos. Pode ser dedicado um tempo da aula para trabalhar o projeto, seja por algumas semanas ou meses, ou podem-se incorporar os conteúdos pedagógicos ao projeto.

Esta é a proposta da Aprendizagem Baseada em Projetos: partir de uma temática e incorporar as matérias ao trabalho, e não desenvolver trabalhos paralelos.

É possível, ainda, que os alunos definam projetos individuais ou em duplas e grupos. Atualmente, há muitos formatos, mas o importante é que isto faça parte da proposta da escola, que tenha continuidade neste modelo.

Por exemplo, em uma escola da capital paulista, os alunos do Ensino Fundamental II e Ensino Médio desenvolvem projetos de pesquisa semestrais, em que cada aluno apresenta seu pré-projeto no início do semestre. Os professores analisam os temas e definem o professor orientador de cada estudante. Cada docente é responsável por, em média, dez projetos, mas todos os professores têm acesso; afinal a proposta é que seja interdisciplinar.

Os alunos realizam suas pesquisas, sob orientação dos professores. Ao término do primeiro e do terceiro bimestres, há um *feedback* composto pela apresentação das etapas desenvolvidas, autoavaliação e parecer do professor orientador e do coordenador pedagógico. No final do segundo e do quarto bimestres, isto é, ao término de cada semestre, há a apresentação que consiste em uma explanação do trabalho (que pode ser feita individualmente, em duplas ou trios), e entrega do conteúdo teórico.

A apresentação final é realizada durante uma semana, e todo o segmento pode assistir aos trabalhos dos colegas. Uma agenda de apresentações é elaborada para que os alunos possam se inscrever naquelas a que desejam assistir. Os pais também são convidados a participar, sendo uma forma de aproximar a família do contexto escolar e dos próprios filhos.

É o momento de conclusão da pesquisa, e os estudantes têm total liberdade para divulgar suas apresentações. Eles mostram fotos de lugares que visitaram durante o trabalho (como duas alunas que falaram sobre a cultura oriental e levaram chás e fotos de templos e locais que visitaram na imersão que realizaram durante as pesquisas), propõem debates (como outra aluna que abordou igualdade de gênero. Nessa atividade, a turma foi dividida em dois grupos, que debateram sobre o assédio sexual. Em seguida, alguns alunos trocavam de grupos durante a dinâmica, conforme se identificavam com cada ponto de vista), levam convidados como psicólogos, e até especialistas em hipnose para contribuir com a apresentação.

É um espaço de autoria, em que cada aluno pode exprimir sua individualidade, suas produções e criatividade. O engajamento é proporcionado pelo fato de o tema ser livre, os estudantes apresentam seus pré-projetos, e o professor, como orientador, é incumbido de tornar o objeto de pesquisa o mais pedagógico possível, fomentando a integração entre as disciplinas e enriquecendo a visão de mundo de cada discente.

Capítulo 6

O processo avaliativo em metodologias ativas

Ao propor novos modelos de aprendizagem, produzindo mais significados e autonomia aos estudantes, os profissionais de ensino precisam repensar também as formas de avaliar a evolução (ou não) dos alunos.

Com uma mudança cultural na escola, repensando modelos de ensino-aprendizagem, promovendo novas experiências aos alunos, e um trabalho pedagógico voltado também para as habilidades e competências e não apenas para os conteúdos acadêmicos, há de se pensar em como avaliar esse processo, que se constitui não mais apenas pela aprendizagem final, medida por meio de provas de conhecimento, mas é preciso também se considerar o processo de construção das aprendizagens como um todo, em uma avaliação global e integrada.

Mesmo que a escola opte por manter provas mensais, por exemplo, é possível rever o tipo de perguntas e de retornos esperados, já que agora partimos do pressuposto que estamos desenvolvendo o senso crítico dos discentes diariamente.

Será que fará sentido avaliar apenas os conhecimentos adquiridos? Nas metodologias ativas as habilidades socioemocionais, a argumentação, a problematização, criatividade e inventividade são valorizadas e incentivadas, por isso é imprescindível que a avaliação seja integral e contemple essas vertentes.

Os professores, como mediadores, devem estar sempre atentos aos objetivos que pretendem atingir com cada proposta de trabalho. Para isso, é necessário que tenham em mente, na elaboração de um planejamento, que aspectos serão observados durante as atividades, como a interação, capacidade de análise, participação, engajamento, cooperação, responsabilidade e comprometimento são exemplos do que pode ser considerado na hora de avaliar.

A avaliação em metodologias ativas deve ser formativa, qualitativa e processual. Diferentemente da avaliação somativa, realizada ao término dos estudos para quantificar o quanto os alunos aprenderam, na formativa, prioriza-se o processo, no intuito de compreender os pontos a serem melhorados como forma de auxiliar na evolução e não no julgamento e classificação da turma.

A respeito disto, Dias Sobrinho (2003, p. 25) afirma que:

> [...] a aprendizagem é concebida como objeto central da avaliação, e a esta é atribuído um papel operativo de interferência no processo de ensino-aprendizagem. Não se trata, portanto, de uma avaliação meramente somativa, mas também formativa, na medida em que se opera um controle da qualidade do processo enquanto ele se desenvolve. A avaliação se torna ela mesma parte essencial do processo de ensino e aprendizagem.

É válido estruturar uma avaliação que considere três pilares:

1) Avaliação diagnóstica – sondagem.
2) Avaliação processual – formativa.
3) Avaliação integradora – formal.

Por meio da avaliação diagnóstica, é possível compreender o conhecimento prévio dos alunos e partir daí para as próximas aprendizagens. Algumas turmas têm uma maturidade maior, ou se lembram do tema abordado no ano anterior (já que o currículo escolar é estruturado de forma espiral).

Ao apresentar um projeto ou atividade, os professores devem explicitar os objetivos, os possíveis ganhos e o que será avaliado, para que os estudantes possam também se autoavaliar, compreender o porquê de cada proposta, analisar a si mesmos e aos colegas e procurar referências externas. Essa transparência gera maior compromisso dos alunos com os professores e com a aprendizagem.

Na perspectiva da personalização do ensino, um plano individual de trabalho permite lançar as expectativas e objetivos para cada estudante, e a avaliação faz parte disso. Após a definição do tema a ser trabalhado, é hora de elaborar o plano individual, que será preenchido conforme as etapas realizadas.

Quadro 1 – Plano individual de trabalho

Nome:
Projeto:
Planejamento:
Objetivo:
Metodologias utilizadas:
Recursos (vídeos, textos, reportagens, entrevistas):
Atividades desenvolvidas: Semana 1 – *Feedback* Pontos fortes: Pontos a serem melhorados:
Semana 2 – *Feedback* Pontos fortes: Pontos a serem melhorados:
Semana 3 – *Feedback* Pontos fortes: Pontos a serem melhorados:
Semana 4 – *Feedback* Pontos fortes: Pontos a serem melhorados:
Conhecimentos adquiridos:
Avaliação final do professor:
Autoavaliação:
Avaliação do grupo (caso houver):

Fonte: Elaborado pela autora.

É ideal que esse planejamento seja elaborado com os estudantes, o que promove a corresponsabilidade durante todo o trabalho. Além de esclarecer os objetivos propostos, a avaliação atua como ponto de partida para o próximo trabalho.

Como as abordagens promovem bastante interação no trabalho em pares, trios e grupos, sugere-se um campo para avaliação do grupo para um *feedback* dos colegas. Mesmo que, a princípio, esta seja uma avaliação mais simplista, o ponto de vista de quem está trabalhando diretamente com os alunos auxilia na identificação dos aspectos a serem melhorados, especialmente no campo relacional.

Nesse momento, sugere-se que os professores orientem que cada estudante analise a si mesmo, questionando-se: "Aquilo que estou identificando em meu amigo reconheço em mim também? Nesse aspecto (seja positivo, seja negativo), como eu sou?" Essa autorreflexão ajudará na autoavaliação, e todos aprendem.

É interessante que, quando os alunos identificam algum ponto negativo (em si mesmos ou nos colegas), os professores devem incentivá-los a pensar em uma solução, sugerindo alternativas para superar os desafios. Esse exercício promoverá a empatia, a compreensão, a ajuda mútua, favorecendo um ambiente mais respeitoso e harmonioso.

Para conseguir o comprometimento da turma, os professores podem elaborar um Contrato de Jornada de Aprendizagem; ou seja, no início de cada ano letivo, eles apresentam um planejamento de como serão as dinâmicas utilizadas, o que é cada abordagem de metodologias ativas, para que servem e como será a organização da sala de aula.

Esse contrato tem o objetivo de apoiar os professores nos direcionamentos de atividades, gerando corresponsabilidade dos alunos em todos os processos. Ao assinar o contrato, estes estarão se dispondo a fazer sua parte para o bom andamento das aulas, dentro e fora da escola. Por sua vez, os docentes oferecerão todo o suporte aos estudantes e mediarão a forma como se dará a aprendizagem.

Os professores também vão elucidar como será a organização de sala de aula, modelo de avaliação, o que se espera dos alunos e dos professores, habilidades e competências a serem desenvolvidas, a fim de que os estudantes tenham clareza das intenções do que será realizado.

Sabendo das propostas dos professores, os alunos envolvem-se e se comprometem com os projetos. Assim como muitas escolas utilizam os combinados de sala de aula com os estudantes da Educação Infantil, esse contrato pode ser feito a partir do 1º ano do Ensino Fundamental I, utilizando uma linguagem acessível ao grau de entendimento de cada ano.

Logo no início do ano, os professores podem apresentar aos alunos as metodologias que pretendem desenvolver, desde as práticas, passando pela organização dos espaços, utilização dos diferentes ambientes da escola, os planos individuais de trabalho e o processo avaliativo.

O Contrato de Jornada de Aprendizagem pode ser resgatado sempre que necessário durante o processo avaliativo, de forma a elucidar os pontos acordados e relembrar os alunos daquilo com que se comprometeram. Essa é uma forma simbólica para especificar o escopo das dinâmicas de sala de aula, demonstrando a seriedade do trabalho e envolvendo as famílias, que podem ser as testemunhas e compreender também as propostas e sua função neste processo.

Comunicar as famílias dos alunos desse processo é uma estratégia importante para que todos entendam a proposta pedagógica da escola. Informar e conscientizar os pais do que se pretende, da finalidade de cada metodologia, é uma forma de alinhar as expectativas. Além disso, a exposição do papel de cada agente nesse processo de ensino-aprendizagem, os novos formatos de aula e de avaliação geram a segurança de que a família precisa.

Se a escola desejar manter uma avaliação formal, com perguntas e respostas, em questões dissertativas ou alternativas, é interessante que repense as consignas, isto é, os enunciados dessa avaliação devem promover a reflexão, ser contextualizados, refletindo o modelo das aulas.

Utilizar-se das pesquisas e produções realizadas é uma forma de convergir os objetivos das aulas aos da avaliação formal. Essa pode ser uma alternativa para a transição de uma avaliação centrada no resultado para a outra centrada no processo.

Capítulo 7

Os caminhos para a inovação

A Pedagogia é uma ciência humana, os estímulos e conteúdos abordados dentro da escola são compreendidos, assimilados e manifestados de forma singular, segundo cada discente. Por isso, há de se considerar a maturidade do indivíduo, seu engajamento no processo, sua forma de aprender, suas habilidades e afins. À escola é incumbida a função de oferecer subsídios para que os estudantes tenham acesso aos conhecimentos de diversas áreas.

Nessa pluralidade, cada aluno aprende de maneiras, ritmos e em níveis diferentes. Neste sentido, é importante ressaltar a necessidade de utilizar-se de estratégias diferentes ao abordar os conteúdos. Em nossa opinião, a aprendizagem passa pelas mãos e pelo corpo e, especialmente na Educação Infantil, é ideal que os professores garantam a aprendizagem pelos cinco sentidos, atingindo, assim, o maior número de alunos e reforçando as sinapses e a construção de significados. Entretanto, apesar de grande oferta e oportunidades, a aprendizagem é única e individual.

A questão é que a Educação, por pressão dos próprios alunos e das demandas da sociedade, está em um movimento de repensar suas práticas de forma a levar mais relevância e sentido para a escola. As crianças e os jovens já não são os mesmos, e é para eles e por eles que estamos aqui.

Em um mundo em constantes transformações, a escola é um dos pilares da sociedade mais morosos para mudar. Isso ocorre por causa de alguns fatores, um deles é que os resultados demoram a aparecer. Afinal, estamos falando de cultura, de comportamento e formação de pessoas, portanto, o próprio processo de construção do sujeito leva anos para ser desenvolvido.

Esse processo, além de ser inconclusivo, infindável, exige tempo e declara uma subjetividade inerente ao fazer educativo, gerando inseguranças nos educadores e pais, principalmente.

Romper a barreira dos paradigmas, das verdades até então incontestáveis, do modelo pronto e que sempre "deu certo", é um desafio para escolas e professores. Por isso, é necessário democratizar e participar os agentes educativos, os aprendizes e familiares nesse processo de transição.

Esse caminho exige (especialmente da gestão) uma mudança de *mindset* ('modelo mental'), que se permita abrir-se a novas ideias, a reorganizar rotinas, a pensar "fora da caixa", sabendo que alguns processos serão mais exitosos e outros menos. Mas é preciso experimentar, arriscar-se, sempre com fundamentação e responsabilidade, contudo se permitir alçar novos voos.

Entendendo que uma inovação na escola é gradual, exigindo fundamentação teórica, estratégias que contemplem todos os envolvidos, reestruturação de espaços e formatos da sala de aula, engajamento dos agentes escolares, é possível que se faça por etapas.

Uma ferramenta é a criação de um Plano de Inovação Curricular, que deve conter:

Tabela 4 – *Checklist* do Plano de Inovação Curricular

1	Propósito da escola	
2	Valores que serão mantidos, repensados ou inseridos	
3	Estruturação da inovação	
4	Espaços de Aprendizagem	
5	Componentes pedagógicos	
6	Agentes transformadores	
7	Comunicação – interna e externa (alunos, colaboradores, pais e comunidade)	
8	Avaliação	

Fonte: Elaborada pela autora.

a) **Propósito da escola**

O DNA da escola deve ser mantido, sua identidade, os motivos que inspiraram a construção da instituição, e seus ideais.

Que aluno se quer formar? Quais são os objetivos da escola? Como quer ser reconhecida?

Na rotina intensa dos gestores e da equipe docente, muitas vezes, tais questões não estão claras. Sendo assim, é fundamental saber de onde se parte e para onde se quer ir. Retomar e talvez ressignificar seu objetivo maior e deixar isso muito claro para todos os colaboradores, especialmente enquanto se constrói este plano.

Qual é a visão de pais e alunos sobre a escola? Queremos manter essa forma de pensamento ou mudar?

Esse exercício de autoanálise e reflexão auxilia a ter clareza para definir e manter o direcionamento. Vale citar que o Plano de Inovação Curricular será fundamentado no propósito da escola.

b) Valores que serão mantidos, repensados ou inseridos

Definido o primeiro passo, é preciso pensar suas principais características e seus objetivos. Há escolas com viés ambiental, que abordam a sustentabilidade e a consciência do coletivo. Outras são mais focadas em conteúdo, rendimento, notas e vestibular. Algumas menores podem ser mais acolhedoras e intimistas.

A escola é uma estrutura viva, feita por e para pessoas, construída no fazer constante, pode e deve ser flexível para estar sempre atualizada e condizente com a realidade na qual está inserida.

Pensando em uma inovação, novos valores podem ser incluídos, alguns repensados, é o momento de reestruturar, avançar, libertar-se de crenças limitantes, do que um dia foi importante e talvez hoje não seja mais.

Por exemplo, a inteligência emocional é uma demanda dessa escola pós-moderna, é um termo e uma necessidade da atualidade. Com a elevação no número de suicídios, de depressão infantil, transtornos e psicopatologias que são levadas para a escola por alunos e até pelas famílias, tornou-se uma preocupação e até mesmo uma necessidade para ser abordada no ambiente escolar, o qual pode inserir esse aspecto em seus valores.

Segundo dados da Opas Brasil (2018), em todo o mundo, estima-se que 10% a 20% dos adolescentes vivenciem problemas de saúde mental, mas permanecem diagnosticados e tratados de forma inadequada. Estima-se que 62 mil adolescentes morreram em 2016 por autolesão. O suicídio é a terceira principal causa de morte entre adolescentes mais velhos (de quinze a dezenove anos).

Do mesmo modo, ocorre com a tecnologia. Ela não é futuro ou tendência, mas realidade dentro e fora da escola, pensar em como os alunos interagem com a internet e ferramentas digitais é uma necessidade, desde ética e responsabilidade na utilização, a questão do *cyberbullying*, o uso de celular em sala de aula, e em como canalizar esses recursos a favor da aprendizagem são pautas para esse momento de repensar valores.

A escola precisa comunicar seu olhar, com o que se preocupa, o que prioriza, onde intensifica seus esforços. Assim, na elaboração do Plano, ela terá melhor direcionamento para estabelecer os caminhos para a inovação.

c) Estruturação da inovação

Para que ocorra a inovação de forma planejada e assertiva, é preciso estruturar cada vertente, elaborar processos e estabelecer etapas.

Cada etapa pode ser dividida por segmentos. Pode-se iniciar pela Educação Infantil, ampliando-se para os demais ciclos, ou o caminho inverso (da forma que fizer mais sentido para a escola), porém é importante que o plano seja elaborado para a escola inteira.

As equipes administrativa, operacional e pedagógica devem estar alinhadas de modo que todos possam ter ciência daquilo a que a escola se propõe. Quando participam do processo, assim como acontece na sala de aula, os times tornam-se mais engajados, e isso gera nos alunos o sentimento de pertencimento, o que viabiliza ainda mais o projeto.

Além disso, a escola funciona como uma engrenagem. A equipe de limpeza precisa estar ciente de que, por exemplo, os alunos poderão sair mais da sala de aula, utilizando os diferentes espaços, e isso irá impactar a sua rotina. Assim como o financeiro terá de estar ciente dos possíveis investimentos que surgirão, seja para a pintura de uma parede ou montagem de um laboratório. A clareza e adesão de toda a comunidade escolar facilitará o processo de implantação do plano.

A inovação curricular não se faz de forma descontextualizada e muito menos isolada. Para inovar é preciso criar processos, articular ações, sempre pensando no propósito e nos valores da escola para direcionar essa jornada. Um projeto esporádico ou a mudança da posição das cadeiras não torna a escola inovadora, mas sim um conjunto de ações coerentes, conectadas, que haja continuidade de um ano para o outro, que todos os professores estejam na mesma direção, apesar de suas especificidades. Para inovar, é preciso posicionar-se, acreditar na mudança e se comprometer. Transmitindo, assim, a confiança que pais e alunos precisam ter na instituição.

Resiliência é uma característica indispensável para superar os obstáculos surgidos nesta empreitada, por isso ter um plano de ação mantém o foco. As estratégias podem ser reavaliadas e mudadas no caminho, porém é importante ter esse mapa de ações para prever investimentos, analisar novas possibilidades, entre outros.

Cada etapa deve passar por avaliação de todos os envolvidos, levantando as necessidades, dificuldades, oportunidades, avanços e ganhos alcançados. Ao fazer esse mapeamento, novas diretrizes podem ser definidas, e as próximas fases serão implantadas com êxito.

d) Espaços de aprendizagem

Qualquer ambiente pode se tornar um espaço de aprendizagem, desde que haja intencionalidade pedagógica. Debaixo da árvore uma roda onde os alunos apresentam suas pesquisas; no pátio podem medir a área para trabalhar matemática; no jardim, podem verificar as partes das plantas, recolher sementes e observar os tipos de flores; na piscina de bolinhas, podem trabalhar as operações matemáticas. Ou quem sabe iniciar um debate sobre um período da história dentro de um museu?

Na cozinha, os alunos podem descobrir unidades de medida anotando ou mesmo fazendo uma receita de bolo. Um bate-papo com os porteiros pode ser repleto de significado e gerar subsídios para a produção de um texto. Também podem ir a campo, sair da sala de aula, observar o entorno, realizar ações na comunidade. Essa atividade pode ocorrer também na universidade, que está se voltando para atividades, projetos práticos e estudos de casos.

Para proporcionar espaços mais condizentes com uma Educação inovadora, alguns ambientes podem passar por reforma para se tornarem mais lúdicos, criativos e transmitirem a mensagem de uma escola que está se transformando.

Nas salas de aula, aconselha-se ter mobiliário flexível é interessante para as metodologias ativas, facilitando a mobilidade, a circulação dos estudantes entre os grupos de estudos e tornando o espaço mais versátil para diferentes configurações.

Iniciativas como Laboratório *Maker*, áreas de convivência, espaços ao ar livre e para relaxamento são bem-vindas para estimular a criatividade. Deixando o ambiente mais leve e descontraído, a mente flui melhor e as ideias florescem; além disso, o entrosamento entre os alunos estreita vínculos, o que também propicia trocas de ideias que são valiosas no processo de criação.

Também é fundamental proporcionar o acesso dos estudantes a diferentes ferramentas e materiais, como sucata, retalhos, botões, pratinhos descartáveis, palitos, podendo chegar a itens de marcenaria e programação, de forma que instiguem os alunos a experimentarem, criando protótipos, abrindo possibilidades para o novo. Isso é indispensável quando se fala em inovação.

e) Componentes pedagógicos

Em uma escola inovadora, todos os aspectos devem ser considerados, para que a metodologia esteja coerente com a prática e a cultura da inovação seja implementada na instituição.

Quando se trata de material didático, é importante fazer alguns questionamentos: Este material está apropriado para a metodologia da escola? Atende ao propósito? Engessa ou liberta? Propicia a criação? Engaja os alunos? Os valores da escola estão manifestados no material de apoio?

Essas respostas darão condições de avaliar se a escola deve manter ou trocar o material didático, e até se haverá material didático. Estar abertos a novas possibilidades é um ponto crucial para a inovação. Buscar novidades, referências com colégios que se reinventaram; conhecer o que o mercado educacional propõe de novidade, mas sempre com o cuidado de alinhar com o que faz sentido para a instituição.

Nesse ponto, destacamos a atenção para a criticidade do corpo docente na análise do que é oferecido. Cuidado com os "penduricalhos," para não serem adotadas ferramentas ou projetos que não farão, de fato, a diferença no alcance dos objetivos.

Novamente nota-se a importância desse plano. No primeiro momento, principalmente, é interessante ater-se às fraquezas da escola, soluções educacionais que venham a suprir as defasagens, seja da equipe ou da estrutura física da escola.

Mais uma vez, a intencionalidade pedagógica se manifesta nessa avaliação. Recursos tecnológicos somente farão sentido se a escola de fato utilizar, se os professores se comprometerem a aprender as funcionalidades. Alguns questionamentos para essa tomada de decisão: Que tipo de preparo será necessário para isso? Cursos, treinamentos estão previstos nos investimentos?

A partir disso, é preciso se atentar para o programa de atualização pedagógica que a escola realizará. Os professores precisam passar por reciclagem constante, compreendendo outras perspectivas de ensino-aprendizagem, aprofundando-se em estudos sobre metodologias ativas, abordagens progressivas[8], assistindo e discutindo acerca das escolas inovadoras pelo mundo.

Pode ser que se necessite de algumas ações, palestras, cursos, organizados e propostos pelos próprios docentes. Depois, eles podem trocar informações com os colegas, ou a escola pode

---

8. Citadas no primeiro capítulo deste livro

receber especialistas ou consultores que auxiliem os docentes nesses estudos.

Nessa formação continuada, os professores poderão ter a oportunidade de apresentar suas dificuldades, debater com o grupo, expor pontos de vista, tornando-se uma grande possibilidade para aproximação da equipe pedagógica, uma das dores de muitas escolas.

Portanto, material didático, materiais de apoio e capacitação docente deverão ser repensados e previstos nesse plano.

f) Agentes transformadores

Cada pessoa encara as inovações de modo diferente. Alguns, mais ousados e ávidos por mudanças, estarão mais abertos às novidades e vão se engajar mais rapidamente ao projeto. Outros, mais ortodoxos e resistentes, precisarão de mais tempo para se libertar dos tradicionalismos e utilizar outras metodologias de ensino.

Os educadores possuem maturidades diferentes para a inovação, e isso deve ser respeitado. Neste plano, pode haver um acompanhamento das ações dos professores para verificar quantos já aderiram e de que forma, e quantos estão aguardando.

Várias questões permeiam essa tomada de decisão, insegurança, incerteza, receio dos resultados, medo de perder o controle da turma, ou dos alunos não aprenderem tudo o que precisam (como se aulas expositivas e conteudistas garantissem o aprendizado total dos alunos), de demonstrar fraquezas, de errar... todos esses sentimentos são normais e fazem parte do processo.

Aqueles que se desprenderem com mais facilidade do modelo convencional e iniciarem novas dinâmicas, servirão de referência aos demais que, observando os resultados, se sentirão mais seguros para iniciarem.

Esses poderão ser denominados "agentes transformadores" e ser peças-chave nessa construção, tornando-se líderes da equipe, ou do segmento. Podem receber mais oportunidades de formação fora da instituição, ganhando a oportunidade de estar à frente e se destacando do grupo, auxiliando os demais professores e compartilhando práticas e saberes.

A escola pode definir um prazo para todos se adequarem às novas abordagens, sempre oferecendo todo o suporte aos professores. Mas, para que se possa seguir paulatinamente no processo de inovação das práticas é preciso estabelecer uma curva de adesão às mudanças, assim todos estarão cientes do que se pretende, para que se preparem e para que a escola encaminhe as metas estabelecidas nesse plano.

g) Comunicação –interna e externa (alunos, colaboradores, pais e comunidade)

Um dos principais pilares para que um projeto de inovação seja executado com êxito é uma comunicação clara e objetiva.

Toda a comunidade escolar deve estar inteirada dos porquês, dos objetivos e dos resultados atingidos a cada etapa. A informação precisa estar liberta dos achismos, evitando os ruídos de comunicação e possíveis conclusões precipitadas.

É importante que esse Plano de Inovação seja construído e compartilhado com todos, ouvindo colaboradores e alunos, compreendendo as necessidades e anseios daqueles que constituem o ambiente escolar. Detalhes que, por vezes, não são considerados pela gestão pedagógica podem ser apresentados pela secretaria ou pelo departamento pessoal.

Após a elaboração desse documento, um mapa ou fluxograma de ações deve ser exposto pelo colégio, para que todos saibam o que será feito, como será executado e como cada agente escolar deverá conduzir suas atividades.

É aconselhável, ainda, que a escola emita boletins periódicos acerca das implantações realizadas, sejam a aquisição de dispositivos digitais, como *tablets* e lousas interativas, sejam as capacitações pedagógicas oferecidas aos professores.

Essa organização é transmitida para as famílias, que passam a sentir maior segurança na escola, sabendo que as mudanças serão feitas com planejamento, cautela e de forma democrática. Isso mostra condições tangíveis de realizar uma inovação estruturada, garantindo qualidade pedagógica aos alunos.

h) Avaliação

Assim como todo o processo de ensino-aprendizagem deve ser avaliado para acompanhamento e análise dos resultados, retomada de conteúdos, mudanças de estratégias e verificação dos conhecimentos adquiridos, avaliar o processo de implantação de um projeto de inovação é necessário para guiar as ações e considerar adequações, além de identificar os acertos e ganhos.

Cada etapa do plano de inovação deve ser avaliada, identificando o momento de avançar para o próximo passo. Uma metodologia interessante é o *Kanban*[9], que auxilia na organização de processos, controlando fluxos de ações e está disponível em muitas ferramentas digitais voltadas para a gestão de projetos.

---

9. ANDERSON, David J. *Kanban*: mudança evolucionária de sucesso para seu negócio de tecnologia. Sequim: Blue Hole Press, 2011.

Tabela 5 – Ferramentas de Kanban

A FAZER	FAZENDO	FEITO
TAREFA D	TAREFA B TAREFA C	TAREFA A

Fonte: Elabora da pela autora.

De forma sistematizada, a gestão da instituição de ensino consegue ter clareza das etapas e fazer a avaliação de cada uma delas é essencial para definir o momento de iniciar a próxima fase.

Todos os objetivos traçados e todos os aspectos envolvidos precisam ser avaliados; assim a escola garante que o plano seja realizado com sucesso.

Quando se fala em criar uma cultura de inovação, após esta ser inserida na escola, a cada momento surgirão novas sugestões, possibilidades e projetos desafiadores, pois a escola estará aberta a isso. Desta forma, acreditamos que uma instituição que se abre para o novo não consegue mais retroceder. Ela seguirá pioneira de novos caminhos e se manterá à frente e, portanto, novos projetos passarão a fazer parte da dinâmica escolar.

Esse primeiro plano de inovação servirá como modelo para os demais projetos. É comum as escolas inovadoras estarem à frente, tornando-se referência para as demais instituições; por isso, estruturar muito bem cada nova ação é essencial.

Capítulo 8

Os agentes escolares na perspectiva das metodologias ativas

8.1. Os professores

Ao se propor um trabalho com metodologias ativas, é preciso, antes de tudo, estar ciente de que o foco não está mais nos professores. Eles não serão mais os decisores de todas as atividades, por exemplo, do que acontecerá em cada momento da aula, da matéria ou da página que os alunos devem abrir no livro para ler e responder a perguntas, de forma mecânica e passiva.

O papel dos professores que trabalham com metodologias ativas é o de serem provocadores. Despertam a dúvida, estimulam o questionamento, contestam, criam situações de diálogos e debates para garantir a pluralidade de ideias.

É preciso compreender que as decisões são coletivas. As abordagens de aprendizagem ativa tratam do aprender e não do ensinar; portanto há de se ressignificar e reposicionar a postura docente.

Aqui, vale fazer alguns questionamentos: a tecnologia, a inteligência artificial, os robôs vão substituir os professores? Acreditamos que isso não ocorra porque, especialmente na Educação Básica, as relações interpessoais, habilidades e competências humanas como a empatia, o toque, a afetividade, a flexibilidade que acontecem nas trocas entre professor-aluno são imprescindíveis para a formação do sujeito e cidadão.

É fato que a Educação a Distância (EAD) já ganhou grandes proporções no ensino superior e a tendência é ampliar-se nos próximos anos. Seja na graduação, seja em cursos de especialização ou pós-graduação em geral, com alunos cada vez mais autônomos, essa realidade se estabelece naturalmente.

Segundo Luckin (2019),

> [...] Há muitas previsões sobre robôs assumindo empregos humanos, e há um consenso de que áreas como transporte e armazenamento são mais vulneráveis, mas não estamos prestes a automatizar a Educação. Graças a Deus por isso, porque a Educação é fundamentalmente social. Mas isso não significa que não será perturbada enormemente. Só que não substituiremos educadores por tecnologia, pelo menos se acertarmos.

As ferramentas digitais devem estar a serviço da Educação para favorecer o trabalho dos professores. Aqueles docentes que não repensarem suas práticas, não integrarem a tecnologia dentro de sua aula, não tornarem a aula mais interativa e significativa estarão com os dias contados.

O setor educacional movimenta-se em busca de professores mais capacitados para lidar com tecnologia em sala de aula. Já houve a fase de o curso de datilografia ser critério principal para a contratação de um funcionário, em seguida saber usar o pacote Office da Microsoft era imprescindível para trabalhar em qualquer empresa. Assim como um médico precisa aprender a utilizar novos equipamentos de exames clínicos, técnicas cirúrgicas menos invasivas, entre outros, os professores também precisam aprender a lidar com novas ferramentas de trabalho.

Esse movimento é natural na evolução humana, por isso, estamos vivendo a Quarta Revolução Industrial, embasada no impacto da tecnologia em todos os setores da sociedade.

Conforme Masetto (2012, p. 40),

> O hábito da investigação pode se tornar uma excelente ferramenta para revisão e reflexão individuais e coletivas sobre as ações pedagógicas, e também para o engajamento do professor em projetos interdisciplinares, comunitários e institucionais, visto que não é, necessariamente, um processo solitário, requer diálogo, comparação, partilha, construção conjunta, socialização.

Quando visitamos as escolas, percebemos que a maior preocupação dos professores está na perda do controle da turma e em contemplar todos os conteúdos previstos para cada ano. Precisamos ter em mente que as matérias serão inseridas no trabalho, de forma natural e integrada, já que uma ação não exclui a outra.

Inovar e trabalhar com metodologias ativas não exime da importância do conteúdo, que não pode ser modificado, mas sim a forma de incorporá-lo, agregando mais valor à escola quando se traz essa preocupação com o engajamento e o desenvolvimento de habilidades e competências.

Os professores estarão ampliando a visão de mundo dos alunos, trabalhando em prol de uma formação integral, considerando não apenas os conteúdos ou a sala de aula, mas ultrapassando os muros e indo além, oportunizando novas vivências e novos conhecimentos.

Nesse sentido, os educadores precisam ter em mente que, nesse processo, os alunos são protagonistas. Estes precisam se colocar, levantar hipóteses e chegar a conclusões com o direcionamento dos professores.

Vamos propor a seguinte reflexão: as aulas convencionais em que os estudantes se mantêm passivos, sentados na frente dos professores, mergulhados em textos, questionários e exercícios de fixação, e nas quais os conteúdos são transmitidos de forma homogênea, garantem que todos os alunos assimilem a matéria? É possível afirmar que a aprendizagem seja efetiva?

Em caso afirmativo, por que há notas diferentes ao término das provas?

Esse pseudocontrole dos professores os impede de ousar, de buscar e aplicar novas metodologias e dinâmicas em sala de aula. Estão tão focados no ensinar e em controlar a turma que não conseguem transmitir conhecimento, perdendo a oportunidade de experimentar novas maneiras de interação com os alunos.

O medo da frustração e o tempo dispendido para que os resultados sejam percebidos também causam desconforto nos docentes, o que é natural. Mas é importante entender que as crianças e os jovens atuais não são mais os mesmos de vinte anos atrás. A dinâmica de vida mudou e a escola precisa acompanhar isso.

Será que seus alunos estão motivados? Sentem-se desafiados? Têm prazer em aprender? Percebem valor e sentido no que é trabalhado na escola?

Precisamos pensar se não estamos frustrando nossos alunos em favor de não nos frustrarmos. A quem deve servir a Educação?

Os docentes precisam estabelecer uma relação mais próxima com seus alunos, compreendendo suas angústias, vontades, expectativas para que possa haver o alinhamento do que a escola pretende transmitir e de como os alunos gostariam de aprender. Sendo assim, a escuta ativa dos professores é fundamental nesse processo.

Não se trata, necessariamente, de modificar conteúdos, mas de adequar o caminho. Permitam-se experimentar, encorajem colegas de trabalho, comecem aos poucos, movimentem-se e incluam os alunos nessa jornada. Façam-lhes esse convite e, juntos, construam alternativas para transformar a escola em um lugar aconchegante e acolhedor.

8.2. O aluno

Da Educação Básica ao Ensino Superior, os alunos buscam na escola e nos professores a referência, o acolhimento de suas angústias, norteadores de sua construção como sujeitos.

Na atualidade, eles já entenderam que podem aprender sozinhos. Assistem a tutoriais na internet e aprendem quando querem, da maneira que lhes convém, e no ritmo mais adequado a seu estilo de aprendizagem.

Com a informação à sua disposição, os estudantes visam aprender aquilo que mais lhes interessa e, normalmente, encontram. Quando chegam à escola, desejam aprender aquilo que faz sentido, que os motive e os desafie.

Conforme Cosenza e Guerra (2011, p. 58),

> É bom não esquecer, mais uma vez, que o cérebro se dedica a aprender aquilo que ele percebe como significante e, portanto, a melhor maneira de envolvê-lo é fazer com que o conhecimento novo esteja de acordo com suas expectativas e que tenha ligações com o que já é conhecido e tido como importante para o aprendiz.

Na perspectiva das metodologias ativas, os alunos precisam se comprometer com a própria aprendizagem, podendo, também, assinar um contrato de aprendizagem (como sugerido no capítulo 6 deste livro). Além disso, devem ser envolvidos nas temáticas e nos projetos dos quais participam, contribuindo de forma colaborativa para que os objetivos sejam alcançados.

A criança e o jovem têm muito a contribuir, possuem uma sensibilidade inerente à sua condição, estão receptivos para diferentes propostas e sugestões vindas por parte dos professores. Se não estiverem ainda, é porque não tiveram a oportunidade e a abertura que precisavam.

As habilidades e as competências desenvolvidas a partir do trabalho pautado em metodologias ativas são adquiridas no processo de construção dessa jornada. A cada projeto, pesquisa e descoberta, os estudantes vão se apropriando de aprendizagens que estão além do conteúdo acadêmico.

Assim como os professores, os estudantes vão-se adaptando às novas propostas paulatinamente. É preciso dar tempo ao tempo, construir com eles, persistir e incentivá-los, em especial se o modelo de ensino da escola for muito tradicional.

Comunicação e espírito cooperativo são duas habilidades muito presentes nas dinâmicas de sala de aula ativa. Atreladas ao fato de sermos sociáveis, essas características são, na grande maioria, intrínsecas do ser humano e, invariavelmente, reprimidas nas práticas educativas tradicionais, sobretudo, em um regime no qual o silêncio deve imperar para garantir o ensino, e cada aluno deve trabalhar individualmente, com o próprio livro, sentado, disciplinado, concentrado apenas em seus afazeres.

Na Geração *Alpha*, crianças e jovens têm um cérebro hiperconectado, possuem versatilidade, adaptabilidade. São autônomos, críticos, dinâmicos e nativos digitais. Uma Educação analógica e sem toda essa conectividade com os alunos constitui-se divergente ao que almejam. Por isso, as metodologias ativas estão alinhadas com este perfil de estudante, promovendo maior engajamento e aproximando-o da escola.

Um aspecto já levantado neste livro é a questão da personalização do processo de ensino-aprendizagem. Sabemos que cada sujeito tem suas especificidades e, portanto, respeitar o estilo de aprendizagem dos alunos é uma das possibilidades que as abordagens ativas garantem.

Uma das ferramentas utilizadas em metodologias ativas são as plataformas adaptativas, que favorecem essa vertente, como a Khan Academy, voltada para a disciplina de Matemática. Os professores têm condição de acompanhar a evolução, e as dificuldades, de modo que os alunos conseguem organizar suas atividades em conformidade às orientações docentes.

Ferramentas e recursos digitais, como Google for Education e Microsoft Schools, auxiliam na gestão de conteúdos, assim como nas entregas e correções de atividades, videoconferências, criando um ambiente virtual de aprendizagem, colocando os alunos em contato com o mundo da tecnologia no qual estão inseridos.

Com a personalização e a gestão de sua jornada de aprendizagem, proporciona-se aos alunos a condição para que desenvolvam as funções executivas, definidas como "o conjunto de habilidades e capacidades que nos permitem executar as ações necessárias para atingir um objetivo" (Cosenza; Guerra, 2011, p. 87).

Planejar, priorizar, definir processos dizem respeito a essas funções individuais, desde o ato de se organizar para ir à escola (acordar, tomar banho, tomar café e considerar o trânsito até o local), como também no planejamento a longo prazo, como crescimento profissional.

Nesse sentido, segundo Cosenza e Guerra (2011, p. 94), é possível acrescentar ainda que

> Crianças e adolescentes, na maioria das escolas, e mesmo no ambiente familiar, não são expostos a estratégias que privilegiem o desenvolvimento de funções executivas. Por isso, torna-se necessário o ensino de estratégias que os municiem para uma real aprendizagem. Fala-se muito na importância do "aprender a aprender", mas em todo o trajeto escolar até a universidade pouco se faz de forma efetiva para esse aprendizado.

Trata-se, portanto, de uma preparação para a vida, em que as aprendizagens oferecidas pelas escolas darão não apenas suporte acadêmico, mas promoverão no alunado condições necessárias para tomadas de decisão em todos os âmbitos, até a vida adulta.

Camargo e Daros (2018, p. 14), ao apresentarem o estudo de Blight (2000), demonstram graficamente que o "aprendizado por meio de leituras é mais efetivo quando se utilizam métodos ativos ou interativos e que a frequência cardíaca dos alunos, com o passar do tempo na aula tradicional, reduz significativamente".

Gráfico 2 – Frequência cardíaca dos alunos na aula tradicional

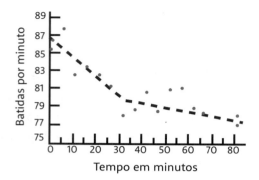

Fonte: Blight (2000) (*apud* Camargo; Daros, 2018).

Gráfico 3 – Frequência cardíaca do aluno em sala de aula

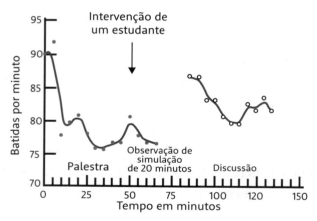

Fonte: Blight (2000) (*apud* Camargo; Daros, 2018).

A partir desse estudo, observamos que a atividade cardíaca dos alunos é maior em atividades ativas. Isso aumenta a circulação sanguínea, deixando os estudantes mais despertos e receptivos às aprendizagens.

Além disso, segundo Cosenza e Guerra (2011, p. 62), sob a ótica das Neurociências e em relação ao armazenamento das informações nas memórias, é possível afirmar que:

> Podemos simplesmente decorar uma nova informação, mas o registro se tornará mais forte se procurarmos criar ativamente vínculos e relações daquele novo conteúdo com o que já está armazenado em nosso arquivo de conhecimentos. Informações aprendidas utilizando um nível mais complexo de elaboração têm mais chance de se tornarem um registro forte, uma vez que mais redes neurais estarão envolvidas.

Portanto, a partir das metodologias ativas, além de os alunos se sentirem mais desafiados e motivados a aprender, a aprendizagem torna-se mais efetiva, pois amplia-se a quantidade de sinapses, e a complexidade que envolve todo o processo se reflete em uma memorização de maior qualidade.

Aos alunos, é permitido perguntar, refutar, argumentar, aprender com o erro. É garantido o direito de falar, de se posicionar e conviver com o outro, semelhante ou diferente, aprendendo a lidar com as adversidades. Os estudantes são encorajados a buscar soluções, experimentar, produzir e, com isso, desenvolver sua criatividade e inventividade.

Sim, é possível sair da cadeira, pensar fora da caixa, quebrar paradigmas, ir além e aprender para a vida.

8.3. A família

Os pais ou responsáveis são sujeitos fundamentais no processo de inovação e na escola que trabalha com metodologias ativas. Primeiro, porque é extremamente necessário que a proposta pedagógica vá ao encontro dos anseios da família, uma vez ser imprescindível que todos estejam olhando na mesma direção, para que não haja conflito de concepções.

O segundo aspecto é que, ao reconhecerem o propósito da instituição, eles promovem a continuidade do desenvolvimento das habilidades estimuladas no ambiente escolar, reforçando o pensamento crítico, a criatividade, o protagonismo e a busca por soluções.

Os pais fortalecem o processo iniciado na escola, representam ponto de sustentação que a criança e o jovem precisam para se sentirem amparados em suas descobertas.

Com a atual mudança no mercado de trabalho, nas formas de interações humanas e na sociedade como um todo, além de reconhecerem que tais mudanças tendem a se acentuar, os pais estão cada vez mais suscetíveis por inovação, já que entendem que seus filhos possuem outros anseios, que o mundo mudou e novas demandas surgiram no sentido da formação escolar.

O processo de inovação é diferente para cada pessoa. Alguns mais ousados gostam de ser pioneiros e experimentar as novidades logo que surgem no mercado. Outros se interessam, mas preferem aguardar os resultados, necessitam de referências, para então, entenderem com maior precisão o impacto da inovação no processo de mudança.

Há também uma parcela significativa de pessoas ainda receosas, a ponto de se aventurarem na inovação, após um tempo de 'testes', usabilidade e de buscas de referências do que consideram como 'novidade'.

Por último, os mais conservadores, não se sentem confortáveis com mudanças e, para estes, as propostas demoram mais a serem aceitas.

Esses perfis devem ser respeitados, por isso o Plano de Inovação e a participação dos pais na construção desse projeto pode favorecer o envolvimento no processo, ao se trabalhar a estruturação em sinergia, visando a disrupção de alguns conceitos.

Cada pessoa possui uma maturidade diferente para inovar e experimentar as inovações. Esse momento deve ser respeitado, por isso o diálogo entre família e escola deve ser muito próximo, e apresentado os motivos, benefícios e as motivações da instituição; a proposta é convidá-los para esse movimento e engajá-los no processo.

8.4. A escola

Costumamos dizer que quem acaba com a escola é a própria escola. Ela tolhe a liberdade de expressão e comunicação, padroniza, invariavelmente, desconsiderando a individualidade do sujeito.

Na perspectiva das metodologias ativas, a escola é aquela que acolhe os alunos em todas as suas vertentes, que os compreende como seres integrais e vai além, de fato, colocando em prática sua preocupação na medida em que promove condições ao desenvolvimento dos alunos como um todo.

Nessa escola, os aspectos comportamentais, sociais, emocionais, entre outros, são tão importantes quanto os cognitivos.

É preciso que a comunidade escolar tenha em mente que uma escola que trabalha com as abordagens de aprendizagens ativas não desconsidera os conteúdos, mas os integra com o desenvolvimento de outras habilidades e competências.

É imprescindível que os professores rompam com a ideia de que a escola deve optar por uma dessas diretrizes: preparar os estudantes para o vestibular ou para a vida; ensinar as disciplinas, transmitir conhecimento ou priorizar a inteligência socioemocional e o aprender a ser.

Não é preciso resistir, é possível repensar processos e conectar todos esses aspectos. É isso o que as metodologias ativas permitem: que o conteúdo acadêmico seja trabalhado de forma sistêmica, em um processo de construção de outras aprendizagens, como a relação interpessoal e a fluência digital.

À escola atribui-se a função de promover um ambiente que favoreça a aprendizagem dentro e fora da sala de aula, permitindo que os diferentes espaços possam ser explorados pelos alunos sob orientação dos professores.

Por isso, precisa estabelecer uma proposta pedagógica que abarque os pressupostos para uma postura ativa dos professores e dos alunos, permitindo-lhes a autonomia necessária para a definição das jornadas pedagógicas a partir das diferentes abordagens pedagógicas em metodologias ativas.

A instituição escolar precisa ter uma unidade de pensamento, em que todos estejam cientes de seus limites e liberdades, possuam os direcionamentos necessários para propor seus projetos em uma atitude participativa.

Todos os setores escolares precisam estar alinhados quanto ao olhar da escola. Sendo uma escola progressista, aberta às inovações, os times administrativo, operacional, pedagógico, discente e os familiares precisam conhecer e reconhecer o papel da escola e de cada agente que compreende essa comunidade.

Uma escola é feita de pessoas para pessoas, o maior recurso de uma escola é o humano. Trabalhar com metodologias ativas não requer laboratórios com tecnologia extremamente avançada, tampouco lousas digitais em todas as salas.

Trata-se de assumir uma postura ativa diante da aprendizagem. É possível fazer metodologia ativa debaixo de uma árvore, em uma volta no quarteirão, reorganizando o formato da sala de aula, promovendo a reflexão e participação dos alunos, permitindo pesquisa, diálogo, reflexão e atuação dos discentes.

Não há certo e errado. A escola que trabalha com metodologias ativas precisa ser ativa. Necessita ousar, arriscar-se, encorajar discentes e docentes e assumir riscos, porque acredita que a Educação merece ser repensada, mais bem articulada, remodelada de modo a garantir uma atualização pedagógica necessária para o contexto dessa geração.

Em contrapartida, propiciará uma escuta atenta aos anseios dos estudantes, que mobiliza esforços para levar inovação e novas experiências de aprendizagem para a sala de aula e demais espaços do ambiente escolar e fora dele. Afinal, uma escola ativa é uma escola sem muros, conectada, articulada, que amplia a visão de mundo dos alunos, que rompe barreiras e desperta neles o querer fazer e o prazer de estar nela.

Capítulo 9

Ressignificando a Educação

Cada instituição escolar parte de uma realidade, de um contexto de alunos, de família, possui suas particularidades. A melhor Educação será a mais efetiva para esse grupo. Não há uma regra, nem receita pronta, mas a construção de uma escola que olha para dentro de si e considera sua história e seu entorno, que encontra os caminhos que convergem para sua identidade, para a pluralidade cultural de seu alunado e seu compromisso com uma Educação para a vida.

A partir da identidade da escola e de seu papel na sociedade, é possível repensar ações que favoreçam uma aprendizagem significativa, que atraiam os estudantes e que estejam abertas a um fazer coletivo.

Os alunos devem sempre ser protagonistas, afinal é por eles que ocorre a Educação. Desde a Educação Infantil, as crianças possuem desejos, dúvidas, querem descobrir o mundo com as mãos. É importante que os professores permitam que elas toquem, sintam, descubram, pintem os desenhos sozinhas, mesmo que esse exercício seja para uma exposição e que "tenha de ficar bonito". Aqui, vale o questionamento: bonito aos olhos de quem? Os professores têm de se preocupar em apresentar aos pais um bonito trabalho ou algo que os alunos realmente aprenderam?

A aprendizagem na Educação Infantil, especialmente, passa pelo corpo, pelo sensorial; por isso, ofertem experiências, promovam interação, permitam o tateamento.

No Ensino Fundamental, a criticidade vai tomando forma, a compreensão de mundo e o poder de argumentação necessitam ser amplamente potencializados; portanto perguntem mais que respondam.

Despertar nos alunos o querer aprender, está aí o grande segredo. Quando se desperta para a aprendizagem, quando se vê sentido nos conteúdos, a aprendizagem acontece de forma natural e interessante.

Ferramentas digitais, tecnologia e internet, Laboratório *Maker*, entre tantas ofertas, não terão utilidade se os alunos não estiverem, de fato, no centro do processo, isto é, fazendo.

Mesmo nos anos finais da Educação Básica, é preciso manter a escuta ativa, deixar os adolescentes falarem, eles têm muito a contribuir.

Todas as abordagens pedagógicas de metodologias ativas tornarão os conteúdos acadêmicos mais dinâmicos e interessantes aos jovens. Habilidades e conhecimento andam juntos, devem ser conectados e não isolados.

O objetivo é estabelecer relação entre o processo e o produto, seja um projeto, uma solução, um protótipo ou relatório. O resultado foi obtido visando desenvolver habilidades digitais, poder de argumentação e pensamento crítico? As relações interpessoais foram promovidas? Os professores focaram em fazer perguntas e conduzir o caminho, ou em dar respostas prontas sem fazer os estudantes pensarem, refletirem e concluírem?

No Ensino Médio, pensar sobre o projeto de vida dos estudantes, entender quais são suas motivações, as áreas que despertam seu interesse serão importantes para as tomadas de decisão vindouras.

Os estudantes que estabelecem contato com as metodologias ativas possuem muitas habilidades desenvolvidas; portanto, no momento de optar por uma profissão e/ou carreira, mais possibilidades.

Os alunos que concluíram a Educação Básica de forma ativa tenderão a chegar ao Ensino Superior prontos para se destacarem e ampliarem sua capacidade criativa.

Na universidade, os estudantes estão se preparando para ingressar no mercado de trabalho e é importante adquirir conhecimentos e habilidades para conseguir uma boa colocação profissional.

Essa é uma mudança de *mindset*. É preciso compreender que o foco está nos alunos. Aqui, são os estudantes que aprendem, não os professores que ensinam. A relação não é mais de um que ensina e outro que aprende, mas são relações aprendentes entre si. Não há aprender sem querer.

Capítulo 10

Quais paradigmas os professores precisam quebrar para se reinventarem?

- Medo do novo?
- Dificuldade em lidar com a tecnologia?
- Receio de perder o controle da turma?
- Cobrança das famílias?
- Insegurança sobre a assimilação dos conteúdos?
- Receio dos alunos no vestibular?

Essas são algumas das principais inquietações dos professores e das instituições escolares. Por isso, vamos refletir sobre cada um desses itens.

A mudança faz parte da vida. Mudamos pontos de vista, amadurecemos, aprendemos a lidar melhor com conflitos, descobrimos novos gostos e podemos nos surpreender com alguns prejulgamentos.

Mesmo em sala de aula, muitas vezes, os professores depositam uma grande expectativa em determinado aluno e ele os decepciona, ou vice-versa. Mas é preciso se permitir experimentar, para poder formar uma opinião concreta e não imaginária.

Como foi apresentado neste livro, já passamos por algumas revoluções ao longo dos anos, e todas elas foram marcadas pelo impacto da tecnologia na sociedade. Os aparelhos telefônicos já tiveram preços exorbitantes, mas hoje, em qualquer esquina, é possível comprar um chipe e mudar de número. Internet discada, máquina de escrever, fax, bipe, mimeógrafo, retroprojetor, quantas tecnologias já se tornaram obsoletas? Mas o fato é que nos adaptamos a todas elas!

Então, por que existe o medo de aprender a lidar? Atualmente temos uma grande vantagem, os alunos sabem utilizar a tecnologia com tranquilidade, eles adoram nos ensinar... mas, como ressaltado no capítulo anterior: para aprender é preciso querer. E essa afirmação é válida para todos.

Se há o receio de perder o controle da turma, provavelmente é porque os professores ainda possuem um perfil centralizador e pouco democrático. Quando os alunos percebem o propósito da aprendizagem, quando se sentem participantes do processo, quando as decisões são tomadas coletivamente, a sala de aula torna-se um espaço democrático em que todos são ouvidos e respeitados. Então, o controle passa a ser coletivo.

Como desenvolver a autonomia dos alunos sem permitir que eles façam as tarefas sozinhos? Desde guardar o estojo na mochila, até a criar um protótipo, todos devem ter a oportunidade de se planejarem, de conduzirem e não serem conduzidos, de produzirem e não só consumirem. Aliás, sobre esse ponto vale destacar que é preciso consumir (conteúdo, informação e dados) para produzir conhecimento.

Muitos professores estão focados na informação e não na aprendizagem, de fato. Cumprir o calendário totalmente à risca e elaborar um planejamento rígido são ações que muitas vezes afastam a escola do propósito da aprendizagem significativa e ativa. É importante que cada educador pense nessa dicotomia e avalie em que cenário está e para onde pretende caminhar.

À medida que são incluídas em um plano de inovação, ou que entendem o objetivo das ações propostas pelos professores, as famílias passam a compreender o processo e, em muitos casos, tornam-se parceiras e se empenham em dar continuidade a esse processo em casa.

Assim como professores, alguns pais demonstram resistências até conhecer o projeto e tomar consciência dos objetivos e benefícios que virão. Vale lembrar que se trata de uma construção coletiva e que cada família tem um tempo diferente de adesão às inovações.

Conforme as novas dinâmicas são implementadas, a escola deve convidá-los a acompanhar os resultados, assim como a condução das aulas, habilidades adquiridas, desafios superados e qualidade da aprendizagem.

Principalmente pelo fato de muitos pais não atuarem no campo educacional, os professores não devem exigir-lhes mais do que podem oferecer. É importante educar, deixá-los informados, trabalhar com transparência e demonstrar os resultados, envolvendo-os nos novos cenários da escola.

É fundamental relembrar que as metodologias ativas não eliminam o conhecimento teórico. Uma coisa não exclui a outra. Desenvolver habilidade e competência não enfraquece o aprendizado. É uma mudança de postura e de forma de aplicação da didática, e não negação do conhecimento.

Romper com o preconceito de que os alunos só aprendem sentados na carteira, olhando para os professores, fazendo exercícios de memorização é a primeira atitude da escola que pretende inovar. Trata-se da intencionalidade pedagógica, os alunos podem aprender sentados sob uma árvore, lendo um texto, outros assistindo a um documentário, outros pesquisando informações e, ao término, todos compartilharem e ampliarem seus saberes.

A questão é "como fazer" e não "o que ensinar". A proposta é contextualizar os conteúdos, não apresentá-los de maneira impositiva ou sem estarem conectados com outros saberes ou porquês.

Abordando uma notícia sobre alguma doença que esteja acometendo a comunidade escolar, por exemplo, como a gripe e doenças respiratórias no inverno, podem ser estudados os vírus e as bactérias, vacinas, saúde pública, instâncias governamentais, regiões afetadas, número de casos, estatística, gráfico, cuidados necessários e finalizar com uma campanha de conscientização, de prevenção e de cuidados importantes a serem tomados.

Outro tema pertinente, que pode render muitas possibilidades de aprendizagem, é a pandemia do novo coronavírus. Esse é um acontecimento importante em nível mundial, que pode ser refletido com a interligação de várias disciplinas, objetivando a compreensão da complexidade da Covid-19 para nossa sociedade.

Com isso, os professores irão trabalhar a partir do contexto social dos alunos, conectando temas, de forma interdisciplinar, o que resultará coletivamente na conscientização e na construção de conhecimentos. Além disso, os estudantes estarão mais engajados no processo de aprendizagem.

As metodologias ativas permitem que os alunos busquem o conhecimento, desenvolvendo a capacidade de pesquisar, sintetizar, refutar, recriar, produzir a partir dos conhecimentos adquiridos e colaborar, tornando a experiência educativa mais instigante. Nesse sentido, a aquisição de conhecimentos é permeada por uma complexidade que ampliará a capacidade argumentativa e a conexão entre as disciplinas.

Figura 9 – Aprendizagem como resultante de interações

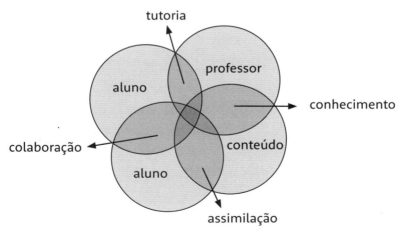

Fonte: Elaborada pela autora.

A aprendizagem é resultado das interações entre alunos, professores, conteúdo e colegas de classe. A dinâmica interativa dessas forças é propiciada por diferentes ambiências e estímulos.

É preciso ir além. É sempre possível evoluir, oferecendo diferentes experiências de aprendizagem. Para tanto, a dica aos professores é reinventar-se, permitir-se e redescobrir-se como educadores.

Considerações finais

Nesta parte final, ressaltamos que a intencionalidade pedagógica é mais importante que a metodologia utilizada. De modo geral, as abordagens consideradas neste livro têm em seu cerne objetivos muito próximos relacionados com o desenvolvimento das pessoas, o que permite aos professores transitarem entre as diferentes possibilidades.

O ato de ficar preso a um modelo transformará a aula novamente em um modelo engessado e se tornará desestimulante aos alunos. É preciso que os professores ofereçam diferentes experiências de aprendizagem, com as metodologias ativas aqui apresentadas ou outras técnicas elaboradas, surgidas em sala de aula.

A dica é utilizar as metodologias apresentadas neste livro como inspiração, tentando adequá-las à sua realidade escolar. A proposta aqui não é dar a receita, mas as possibilidades para surgirem *insights* de como reinventar a sala de aula com os recursos disponíveis na unidade escolar.

Para inovar, os educadores precisam ter comprometimento, persistência, criatividade, objetivos específicos, acreditando que tanto crianças quanto jovens merecem uma escola que os acolham em suas necessidades. Também precisam reacender a esperança que os fez trilhar o caminho da Educação, o compromisso firmado com a profissão. Por último, devem acreditar em si mesmos e fazer acontecer uma mudança de paradigmas, na sala de aula, na escola a impactar toda a comunidade aprendente.

As metodologias ativas provocam inovação na Educação, um olhar amplo sobre os alunos. Jogam luz em suas necessidades de sujeitos atuantes e participativos do seu processo de construção de aprendizagem.

Convidamos os professores a se permitirem, a experimentarem, a ousarem, a tatearem, a levarem mais sentido para o fazer educativo. O mundo precisa de pessoas engajadas, atuantes na sociedade, transformadores de suas realidades e realizadores. Contribuam para a formação integral de seus alunos. Acreditem, tudo valerá a pena. Que tal irmos juntos?!

Referências

ALVES, Rubem. A arte de ouvir. *Bons Fluidos*, São Paulo, n. 72, p. 38-41, mai. 2005.

ANDERSON, David J. *Kanban*: mudança evolucionária de sucesso para seu negócio de tecnologia. Tradução de Andrea Pinto. Sequim: Blue Hole Press, 2011.

AZEVEDO, Fernando (Org.). *Manifesto dos pioneiros da educação nova (1932) e dos educadores (1959)*. São Paulo: Companhia Editora Nacional, 1932. (Educadores).

BAUMAN, Zygmunt. *Modernidade líquida*. Rio de Janeiro: Zahar, 2001.

BELLONI, Maria L. *Educação a distância*. 5. ed. Campinas: Autores Associados, 2008.

BERGMANN, Jonathan; SAMS, Aaron. *Sala de aula invertida*: uma metodologia ativa de aprendizagem. Tradução de Afonso Celso da Cunha Serra. Rio de Janeiro: LTC, 2016.

BITTENCOURT, Sinésio. *O que é Arduino*: tudo o que você precisa saber. *Hostgator* [*on-line*], 2017. Disponível em: https://www.hostgator.com.br/blog/o-que-e-arduino/ Acesso em: 18 dez. 2019.

BRASIL. *Constituição da República Federativa do Brasil.* Brasília, DF, 1988. Disponível em: http://www.planalto.gov.br/ccivil_03/constituicao/constituicao.htm. Acesso em 13 jul.2020.

BRASIL. *Lei de Diretrizes e Base da Educação n. 4.024, de 20 de dezembro de 1961.* Fixa as Diretrizes e Bases da Educação Nacional. Disponível em: resrepublica.jusbrasil.com.br/legislacao/108164/lei-de-diretrizes-e-base-de-1961-lei-4024-61. Acesso em: 1 abr. 2020.

BRASIL. *Lei n. 9.394, de 20 de dezembro de 1996.* Estabelece as diretrizes e bases da educação nacional. Disponível em: http://www.planalto.gov.br/ccivil_03/leis/l9394.htm. Acesso em: 1 abr. 2020.

BROWN, Tim. *Change by design*: how design thinking transforms organizations and inspires innovation. New York: Harper Business, 2009.

CAMARGO, Fausto; DAROS, Thuinie. *A sala de aula inovadora*: estratégias pedagógicas para fomentar o aprendizado ativo. Porto Alegre: Penso/Uniamerica, 2018.

CARBONELL, Jaume. *A aventura de inovar*: as mudanças na escola. Porto Alegre: Artmed, 2002.

COLINVAUX, Dominique; BANKS-LEITE, Luci. E. Claparède: os primeiros estudos sobre a psicologia das crianças pequenas no Institut Jean-Jacques Rousseau. *Pro-Posições*, Campinas, v. 23, n. 2, maio/ago. 2012. Disponível em: https://www.scielo.br/scielo.php?script=sci_arttext&pid=S0103-73072012000200014&lng=pt&tlng=pt Acesso em: 22 maio 2020.

COSENZA, Ramon M.; GUERRA, Leonor. *Neurociência e educação*: como o cérebro aprende. Porto Alegre: Artmed, 2011.

DELORS, Jacques. *Educação*: um tesouro a descobrir – relatório para a Unesco da Comissão Internacional sobre Educação para o Século XXI. Disponível em: https://unesdoc.unesco.org/ark:/48223/pf0000109590_por?posInSet=3&queryId=N-EXPLORE-3748014c-342f-4da1-8445-64675a4fb589. Acesso em: 27 mar. 2020.

DEWEY, John. *A Filosofia em reconstrução.* São Paulo: Editora Nacional, 1958.

DIAS SOBRINHO, José. *Avaliação*: políticas educacionais e reformas da educação superior. São Paulo: Cortez Editora, 2003.

ELIAS, Marisa D. C. *Pedagogia Freinet*: teoria e prática. São Paulo: Papirus, 2002.

FAZENDA, Ivani. *Interdisciplinaridade*: história, teoria e pesquisa. Campinas: Papirus, 1994.

FAZENDA, Ivani. *Interdisciplinaridade*: qual o sentido? São Paulo: Paulus, 2003.

FELDMANN, Marina G. Questões contemporâneas: mundo do trabalho e democratização do conhecimento. In: SEVERINO, Antonio Joaquim; FAZENDA, Ivani Catarina Arantes (Orgs.). *Políticas Educacionais*: o ensino nacional em questão. Campinas: Papirus, 2003. (Cidade Educativa).

FERRIÈRE, Adolfo. *La escuela activa*. 2. ed. Madri: Francisco Beltrán Libreria Española y Extranjera, 1932.

FREINET, Célestin. *As técnicas Freinet da Escola Moderna*. Lisboa: Editorial Estampa, 1975.

FREINET, Célestin. *Pedagogia do bom senso*. Tradução de J. Baptista. 7. ed. São Paulo: Martins Fontes, 2004. (Psicologia e Pedagogia).

FREIRE, Paulo. *Pedagogia do Oprimido*. Rio de Janeiro: Paz e Terra, 2015.

GADOTTI, Moacir. *História das ideias pedagógicas*. São Paulo: Ática, 1996.

GARDNER, Howard. *Estruturas da mente*: a Teoria das Inteligências Múltiplas. Porto Alegre: Artes Médicas, 1994.

GLASSER, William. *Choice Theory*: A New Psychology of Personal Freedom. New York: Harper Perennial, 1998.

HATCH, Mark. *The Maker Movement Manifesto*: Rules for Innovation in the New World of Crafters, Hackers, and Tinkerers. New York: McGrawHill Education, 2013. Available in: http://www.techshop.ws/images/0071821139%20Maker%20Movement%20Manifest o%20Sample%20Chapter.pdf. Access in: 21 jan. 2020.

LIBÂNEO, José Carlos. *Didática*. São Paulo: Cortez Editora, 1994.

LUCKIN, Rose. Is education ready for artificial intelligence? Machine learning and EdTech. *Cambridge Assessment* [on-line]. Cambridge, 2019. Available in: https://www.cambridgeassessment.org.uk/insights/is-education-ready-ai-rose-luckin/. Access in: 2 april 2020.

MAGRANI, Eduardo. *A internet das coisas*. Rio de Janeiro: FGV Editora, 2018.

MALAGUZZI, Loris. História, ideias e filosofia básica. In: EDWARDS, Carolyn; GANDINI, Lella; FORMAN, George. *As cem linguagens da criança*: a abordagem de Reggio Emilia na educação da primeira infância. Porto Alegre: Artmed, 1999.

MANNRICH, João Paulo. Um olhar sobre o movimento Maker na Educação (científica). In: ENCONTRO NACIONAL DE PESQUISA EM EDUCAÇÃO EM CIÊNCIAS-ENPEC, 12., 2019. *Anais [...]*. Natal, Universidade Federal do Rio Grande do Norte, 25 a 28 jun. 2019. Disponível em: http://abrapecnet.org.br/enpec/xii-enpec/anais/resumos/1/R1065-1.pdf Acesso em: 27 mar. 2020.

MASETTO, Marcos. *Inovação no ensino superior*. São Paulo: Loyola, 2012.

McCARTHY, John; MINSKY, Marvin; ROCHESTER, Nathaniel; SHANNON, Claude. A proposal for the Dartmouth Summer research project on artificial intelligence. Aug. 31, 1955. Available in: http://www-formal.stanford.edu/jmc/history/dartmouth/dartmouth.html Access in: 22 may 2020.

McCRINDLE, Mark; WOLFINGER, Emily. *The ABC of XYZ*: understanding the global generations. Sydney: UNSW Press, 2009.

MEYER, Maximiliano. Quais as diferenças entre as gerações X, Y e Z e como administrar os conflitos? *Oficina da Net [on-line]*, 2019. Disponível em: https://www.oficinadanet.com.br/post/13498-quais-as-diferencas-entre-as-geracoes-x--y-e-z-e-como-administrar-os-conflitos. Acesso em: 16 dez. 2019.

MIRANDA, Guille. Education 4.0. WORLD ECONOMIC FORUM [on-line], 21 Sept. 2020. Available in: https://www.weforum.org/projects/learning-4-0 Access in: sep. 2020.

OCDE/PISA. Organização para a Cooperação e Desenvolvimento Econômico. Programa Internacional de Avaliação de Alunos, 2019. Disponível em: https://www.oecd.org/pisa/searchresults/?q=BRASIL. Acesso em: 22 mai. 2020.

PAPERT, Seymor. *Mindstorms*: children, computers, and powerful ideas. New York: Basic Books, 1980.

PEREIRA, Eliana Alves; MARTINS, Jackeline Ribeiro; ALVES, Vilmar dos Santos; DELGADO, Evaldo Inácio. A contribuição de John Dewey para a Educação. *Revista Eletrônica de Educação*, São Carlos, v. 3, n. 1, p. 154-61, mai. 2009. Disponível em http://www.reveduc.ufscar.br. Acesso em: 30 mar. 2020.

PINTO, Heloisa Dantas de Souza. A afetividade e a construção do sujeito na psicogenética de Wallon. *In*: LA TAYLLE, Yves. *Piaget, Vigotski, Wallon*: teorias psicogenéticas em discussão. São Paulo: Summus, 1992

ROUSSEAU, Jean-Jacques. Projeto para a educação do Senhor de Sainte Marie. *In*: ROUSSEAU, Jean-Jacques. *Ensaios pedagógicos*. Tradução e apresentação de Priscila Grigoletto Nacarato. Bragança Paulista: Comenius, 2004. p. 49-65.

SANTOS, Evelaine Cruz dos. *Formação de professores no contexto das propostas pedagógicas de Rudolf Steiner (pedagogia Waldorf), Maria Montessori e da experiência da Escola da Ponte*. 2015. 252 f. Tese (Doutorado) – Universidade Estadual Paulista, Instituto de Geociências e Ciências Exatas, 2015. Disponível em: http://hdl.handle.net/11449/132194. Acesso em: 30 mar. 2020.

SIMON, A. Herbert. *The Sciences of the Artificial*. 3rd ed. Cambridge, MA: The MIT Press, 1996.

STERBENZ, Christina. Here's who comes after Generation Z: and they'll be the most transformative age group ever. *Business Insider* [on-line], 5 dez. 2015. Available in: https://www.businessinsider.com/generation-alpha-2014-7-2. Access in: 4 dec. 2019.

SOËTARD, Michel. *Johann Pestalozzi*. Tradução de Martha Aparecida Santana Marcondes, Pedro Marcondes e Ciriello Mazzetto. Organização de João Luis Gasparin e Martha Aparecida Santana Marcondes. Recife: Fundação Joaquim Nabuco; Massangana, 2010. (Educadores). Disponível em: http://www.dominiopublico.gov.br/download/texto/me4681.pdf Acesso em: 22 mar. 2020.

SOUZA, Valeska Virgínia Soares. Letramento digital e formação de professores. *Língua Escrita*, Belo Horizonte, n. 2, p. 55-70, dez. 2007. Disponível em: http://ceale.fae.ufmg.br/app/webroot/files/uploads/revista%20lingua%20escrita/LinguaEscrita_2.pdf. Acesso em: 26 mar. 2020.

TEIXEIRA, Clarissa Stefani; SOUZA, Márcio Vieira de (Orgs.). *Educação fora da caixa*: tendências internacionais e perspectivas sobre a Inovação na educação. São Paulo: Blucher, 2018.

VIGOTSKI, Lev Semenovich. *A construção do pensamento e da linguagem*. Tradução de Paulo Bezerra. São Paulo: Martins Fontes, 2001. (Psicologia e Pedagogia).

VIGOTSKI, Lev Semenovich. *Pensamento e linguagem*. Tradução de Jefferson Luiz Camargo. 2. ed. São Paulo: Martins Fontes, 2003.

WALLON, Henri. *A evolução psicológica da criança*. São Paulo: Martins Fontes, 2007.

WALLON, Henri. *As origens do pensamento na criança*. São Paulo: Manole, 1986.

WALLON, Henri. *Do ato ao pensamento*: ensaio de psicologia comparada. Petrópolis: Vozes, 2008.

WORLD ECONOMIC FORUM. *Chapter 1*: The Future of Jobs and Skills. [on-line], Jan. 2016. Available in: http://reports.weforum.org/future-of-jobs-2016/chapter-1-the-future-of-jobs-and-skills/. Access in: 4 dec. 2019.

www.cortezeditora.com.br